世纪之谜 01

带你穿越时间轴，重返神秘的19世纪

19世纪不明现象编年史

101个震惊世界的未解之谜

Das Jahrhundert der Mysterien und Wunder

101 unerklärbare Phänomene, rätselhafte
Entdeckungen und unheimliche Erlebnisse

[德] 哈特维希·豪斯多夫 著 李 楠 李 雯 译

重庆出版集团 重庆出版社

Das Jahrhundert der Mysterien und Wunder: 101 unerklärbare Phänomene, rätselhafte Entdeckungen und unheimliche Erlebnisse
by Hartwig Hausdorf
© 2011 Droemersche Verlagsanstalt Th. Knaur Nachf. GmbH & Co. KG, München
This edition arranged with Jia-xi Books Co., Ltd, Taiwan.
Simplified Chinese edition copyright:
2015 © The Shang Shu Culture Media Co., Ltd.
c/o Chongqing Publishing House
All rights reserved.

版贸核渝字（2015）第031号

图书在版编目（CIP）数据

19世纪不明现象编年史：101个震惊世界的未解之谜/（德）豪斯多夫著；李楠，李雯译. — 重庆：重庆出版社，2015.6

书名原文：Das Jahrhundert der Mysterien und Wunder

ISBN 978-7-229-10110-7

Ⅰ.①1… Ⅱ.①豪… ②李… ③李… Ⅲ.①科学知识－普及读物 Ⅳ.①Z228.1

中国版本图书馆CIP数据核字（2015）第138567号

19世纪不明现象编年史：101个震惊世界的未解之谜
19 SHIJI BUMINGXIANXIANG BIANNIANSHI：101GE ZHENJING SHIJIE DE WEIJIEZHIMI

[德] 哈特维希·豪斯多夫 著
李 楠 李 雯 译

出 版 人：罗小卫
责任编辑：肖化化
特约编辑：蒙 蒙 钟 原
责任校对：刘 艳
装帧设计：马 翔

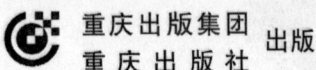

重庆出版集团
重庆出版社 出版

重庆市南岸区南滨路162号1幢 邮政编码：400061 http://www.cqph.com
重庆海阔特彩色数码分色有限公司制版
重庆市白合印刷厂印刷
（重庆市九龙坡区白桃路10号 邮编：400039）
重庆出版集团图书发行有限公司发行
E-MAIL：fxchu@cqph.com 邮购电话：023-61520646
全国新华书店经销

开本：787mm×1092mm 1/16 印张：13.75 字数：170千
2015年9月第1版 2015年9月第1次印刷
ISBN 978-7-229-10110-7

定价：32.00元

如有印装质量问题，请向本集团图书发行公司调换：023-61520678

版权所有 侵权必究

前言

我们把本书着重描写的这个世纪称为"过去"的时间还不长。自从我们跨入神奇的 2000 年以来，19 世纪就变成了"上上个"世纪。囿于盲目进步信念的我们对那美好时代常报以浅浅一笑。那时的人不像 20 世纪末的人一样拥有网络。那时的汽车还是没有实用价值的小玩意儿，直至 19 世纪末期都没有人想认真地尝试它。然而，那却是一个觉醒的时代，是一个因发现和真正的冒险而令人向往的时代。那时的强国首先要数英国，也包括法国、比利时和德国，他们筹划占领神秘的"黑色大陆"。他们从殖民地获得原料，这些原料对于快速升级的工业化来说简直是必不可少的。

然而，我们不谈论在学校学过的表面的历史事件。本书记录了大量意外事件，这些事件处于永载史册的伟大进步的阴影之中：无法解释的现象、谜团、神秘事件和奇迹。它们不断引起人们的兴趣。不同于几个世纪之前，涉及超出人们理解范围的事件时，人们不再满足于将其归结为"女巫和男巫的行为""神的干预"或是无法改变的命运之力。此前人们不加批判地收集"骇人的预兆和奇迹"，后来人们开始试着解释这些令人费解的事件，把迷信或者宗教的想象世界逼入绝境。神圣的界限被逾越，时至今日这都是无法想象的。人们从根本上动摇了信仰和知识的基础。

故此，19 世纪不仅是一个奇特和浪漫的时代。更确切地说，在那时整个时代的精神基础被奠定，并且这种精神对后来 100 年影响深远。一些新的科学在 1800 年与 1900 年之间诞生。例如 1882 年，刚诞生不久的超心理学正拼尽全力摆脱不好的名声。此外，人们应该注意到这是一条漫长的路。精确的实验和观察第一次摆脱了可疑的魔术和愚蠢的骗术的名声，持有怀疑态度但坦率的好奇心取代了幼稚的轻信。进步之门被打开了，在刚开始的第三个千年里，我们不断发现这个世界前所未料的其他方面，而它们还未曾透露自己的秘密。

我们了解的许多19世纪的神秘现象要归功于在开头引用其文字的查尔斯·H.福特。从他的工作方式来看，他简直是一个天才的禁忌事件的收集者。这位未知世界研究者在58岁时就离开了我们。这位非英国国教徒在四本书里解释了来自现实世界的模糊区域的信息，它们价值连城。我们应把他尊为先知，把他对未知世界的真相的探寻看作旗帜。

请您和我一起来一次时间旅行，这次旅行将远远超越所谓的在学校习得的"正确知识"。很快您将发现19世纪是一个非常吸引人的时代，它毫不逊色于当下这个世纪。

哈特维希·豪斯多夫

目录 Contents

前言
1800 年 无形的攻击 / 1
1801 年 空中之城 / 3
1802 年 天降之冰 / 5
1803 年 被阻碍的绞刑 / 8
1804 年 五大湖的致命秘密 / 9
1805 年 "一个灰色的小人经常在晚上……" / 12
1806 年 白衣女子 / 14
1807 年 狼人的传说 / 17
1808 年 皮埃蒙特上空的UFO / 19
1809 年 神秘失踪的外交官 / 21
1810 年 埋葬假死者 / 24
1811 年 甲板上没有魔鬼 / 25
1812 年 预知梦中的谋杀案 / 26
1813 年 红色的雨 / 28
1814 年 失踪于百慕大三角 / 29
1815 年 伦敦塔的鬼怪 / 32
1816 年 与恐龙同行 / 34
1817 年 田纳西州的女巫贝尔 / 37

1818年 不竭的求生欲 / 39

1819年 异常古怪的天气 / 41

1820年 永不安宁的墓穴 / 42

1821年 唯一一块裸露的土地 / 46

1822年 看到了"自己"坟墓的孩子 / 48

1823年 幽灵岛 / 50

1824年 月亮上发生了什么？/ 53

1825年 闪电在人体上画图 / 55

1826年 阴间的指示 / 57

1827年 约瑟夫·史密斯的故事 / 59

1828年 向西北转舵 / 62

1829年 美人鱼号的迷航 / 63

1830年 和圣母的交谈 / 66

1831年 天上下硬币 / 68

1832年 商博良和他的前生 / 69

1833年 在空中捕鱼 / 71

1834年 博蒂诺的秘密 / 73

1835年 肉体死亡还是被活埋？/ 75

1836年 天上飞行的圆盘 / 77

1837年 虚构和现实 / 78

1838年 恐怖的幽灵：弹簧腿杰克 / 80

1839年 云上的实验室 / 83

1840年 印第安酋长的"总统诅咒" / 84

1841 年 天上下肉和血 / 87

1842 年 森林中牧人的预言 / 89

1843 年 末日审判取消了 / 90

1844 年 一颗有 600 万年历史的钉子 / 92

1845 年 女教师的分身 / 94

1846 年 带电的女孩 / 96

1847 年 铁棍贯穿大脑 / 99

1848 年 南大西洋的可怕遭遇 / 101

1849 年 "桌灵转"的诞生 / 103

1850 年 一次打猎的结局 / 105

1851 年 大脚怪在门外！/ 106

1852 年 莫农加希拉号的最后一次航行 / 108

1853 年 "雪茄"和天上发光的飞盘 / 110

1854 年 与一个亡人愉快地重逢 / 111

1855 年 雪地上的可怕踪迹 / 113

1856 年 离开了坟墓的亡人 / 115

1857 年 阿凯格湖的水怪 / 117

1858 年 卢尔德的幻象 / 119

1859 年 武尔坎星在哪儿？/ 121

1860 年 凭空消失的哨兵 / 124

1861 年 与巨型乌贼的海战 / 126

1862 年 巨人的指环 / 128

1863 年 食尸的兀鹫 / 130

1864年 无法被暗算的同行 / 131

1865年 林肯的死亡之梦 / 132

1866年 昏迷中的一生 / 135

1867年 黑色预言 / 137

1868年 灵异全才 / 139

1869年 人体发光 / 142

1870年 灵魂的旅行 / 143

1871年 克罗格林的吸血鬼 / 144

1872年 来自阴间的口述？ / 147

1873年 消失的密西西比皇后号 / 149

1874年 凭空出现 / 150

1875年 远航中的漂流瓶 / 153

1876年 幽灵狗 / 155

1877年 谁发现了火星的卫星？ / 156

1878年 四维空间实验 / 158

1879年 奇怪的人体变形 / 161

1880年 眼看着他消失 / 164

1881年 飞翔的荷兰人号 / 165

1882年 一门新科学的诞生 / 167

1883年 最早的UFO照片 / 169

1884年 库雷萨雷的棺材之舞 / 172

1885年 棺材里可怕的图像 / 174

1886年 匪夷所思的降雨 / 176

1887年 天意之手 / 177

1888 年 一个老兵的离奇死亡 / 178

1889 年 一位出版商的神秘失踪 / 180

1890 年 在炽热的木炭上行走 / 181

1891 年 毛奇将军的幻影 / 183

1892 年 南京上空的红色物体 / 185

1893 年 一个有第六感的女人 / 187

1894 年 幽微：澳大利亚的大脚怪 / 188

1895 年 海上明珠 / 191

1896 年 美国最大的不明飞行物 / 193

1897 年 在奥罗拉坠毁的不明飞行物 / 195

1898 年 《徒劳无功》：泰坦尼克号的预言？ / 198

1899 年 一位演员回家了 / 200

1900 年 来历不明的小孩 / 203

致谢词 / 207

世界充满了无法解开的谜团，其中一些比人们想象的更加奇异。

——查尔斯·H. 福特（1874—1932，美国作家）

1800年
无形的攻击

无形无体的攻击者发动的蓄意攻击，这在某种程度上可以说是无形的攻击。恐怖小说《骚灵》里这样的情节让我们心生恐惧，对我们来说这像一位剧作家的想象，不幸的是，这却是残酷无情的现实。

1800年出版的刊物《发生在吉尔先生孩子身上的离奇事件的报告》详尽记录了看不见的袭击者对几个孩子的攻击事件。作者是某位名叫杜宾的先生，他总结了众多目击者的证词，这些证词准确地描述了看不

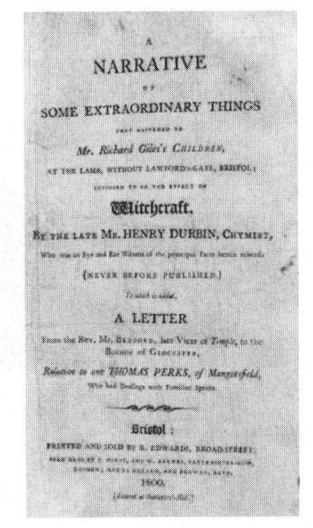

《发生在吉尔先生孩子身上的离奇事件的报告》扉页。

见的手是如何掐住一个小女孩的。目击者亲眼见到她的脖子被掐得变形，这绝不是因为颈部肌肉痉挛而造成的。其他孩子则被打、被咬、被拽和被人吐痰在身上。

在一个类似的案例中，五个目击者有着共同经历："他们这个晚上被咬了大约20次……他们不可能自己咬自己，因为这段时

艾列欧诺尔·楚宫被袭击之后的照片，脸上有大片抓痕。

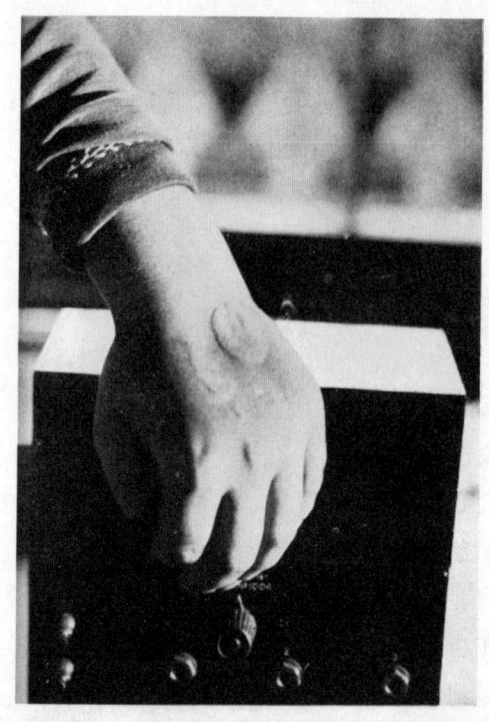

无形袭击者在艾列欧诺尔·楚宫手上留下的伤痕。

间我们一直在观察他们。我们研究了被咬的部位,发现了 18 到 20 处牙齿留下的伤痕,像一张嘴的形状,并且上面有口水一样的东西……像口水一样又湿又黏,并且散发出恶心的气味。"

这个案例与另外一起"无形的攻击"惊人地相似,目击者的证词和照片能完美地证明。

1926 年,当时 13 岁的罗马尼亚人艾列欧诺尔·楚宫成为了"无形施暴者"的猎物。她一直被掐住脖子和被抓挠,袭击者的方式极其恶劣,并且事发时大都有目击者在场。或许最准确的说法是,她的脸上凭空出现了带血的抓痕。受惊的目击者也能看出她的脖子被挤变形了,而且这种变形不是因为她绷紧颈部肌肉造成的。这个女孩的背部和脖子上也出现了深入皮肤的咬痕。并且有一次,这个被残忍虐待的孩子胳膊上出现了"德拉库"这个词——罗马尼亚语的"魔鬼"。

回顾神秘的 19 世纪,不应该只回顾那些令人振奋的奇迹。1850 年,来自美国康涅狄格州斯坦福的 12 岁的男孩哈利·菲尔普斯也曾遭受攻击,其类型大不相同。石头从背后飞向他,又或者他被突然抛到空中,以至于他的头一次撞到了天花板,还有一次撞到了树冠。看不见的手把他扔到蓄水池,并且撕碎了他的衣服。

无形的攻击者在施暴时也给受害者留下伤口。在 1890 年的日本,许多行人的脖子上出现了如同无形的手造成的2到3厘米长的伤口，引起了恐慌。驱鬼术也借机为非作歹。1875年10月2日，山区周边的一个工人推着手推车。他突然听到"嗡"的一声，与他同行的两个人并没有察觉。接着，一阵剧痛从右臂传来，他仔细确认之后惊讶地发现自己的右臂被子弹击穿了。

与无形的攻击不同，无形的保护从来没有被目击过。

1801年
空中之城

在沙漠中旅行的人通常知道关于海市蜃楼的引人入胜的故事：海市蜃楼常常用长满棕榈树的富饶绿洲和水源来欺骗旅人，当旅人接近时它便瞬间化为乌有。有多少快要渴死的人最后的希望在其面前完全破灭？天空中出现大城市的现象能用众所周知的海市蜃楼来进行合乎逻辑的解

阿拉斯加空中出现城市的照片，现存阿拉斯加博物馆。

J. J. 格兰威尔绘制的《格列佛游记》插图，格列佛看见飘浮在空中的王国拉普塔。

释吗？

最经常在天空中出现城市景象的地方之一要数美国阿拉斯加州。多年以来，每年6月21日到7月10日之间，人们在那里可以观察到一个容易与英国的布里斯托尔市混淆的幻象。在第一批白人到达之前，这个幻象应该就定期出现在阿拉斯加土著的眼前了。

1801年6月，人们在爱尔兰科克郡的约尔港上空观察到一座漂亮的城市，它由许多带有屋前小花园的别墅组成，并且白色木栅栏围起来的小花园都被精心打理过。这个城市幻象在四五年前在同样的地方也被观察到过。

天空中的城市和整个岛屿在19世纪的爱尔兰上空出现得更频繁。一位目击者描述了他的印象："在半个多世纪之前，我亲眼看到了一次神奇的海市蜃楼，它与另一次海市蜃楼极为相似，那次海市蜃楼最近在提勒拉夫（位于西爱尔兰的斯莱戈郡）的海岸被观察到。我第一次远眺那个海湾时，我非常确定在我眼前出现了一座真正的城市，并且它是一座有尖塔、树林、房屋和带城垛的建筑物的漂亮的大城市。"

人们可以把这样的现象简单地解释成真实存在的城市的倒影——就像出现在遥远的阿拉斯加州的幽灵般的布里斯托尔市。然而，人们丝毫没有察觉到它们是如何穿越遥远的距离到达那里的。它应该从爱尔兰的西海岸出发，出现在大西洋另一端最近的纽约市。然而，这种风景还从未在绿岛[1]地区出现过。

1840年,人们在奥克尼群岛[2]的桑代岛观察到了一个幻象,它与某个遥远国家的雄伟的白色建筑极为相似。它在1857年还出现过一次,甚至在三个小时内都可以被观察到。在《奥克尼群岛和设德兰群岛的民间传说》一书中,民俗学家E.W. 马维克引用了这两个事件。他认为,这些被提到的现象在苏格兰北部地区很常见。当地人把它解释为逐渐远离了人类视野的海之一族[3]中某个神秘部落的"水晶和珍珠之城"。

这类事件也激发了著名小说家乔纳森·斯威夫特(1667—1745)的灵感吗?他的《格列佛游记》中,旅行中的主人公格列佛面前出现了在天空中飞行的王国。他或许看到了天上的什么物体,其外形与现今飞碟时代的无数报道的描述很接近。

1802年
天降之冰

1984年一个晴朗的周六下午,慕尼黑中部突然下起了猛烈的暴风雨,我及时躲到了安全的地方。有如鸡蛋大小的冰雹突然从天而降,在飞机上砸出了无数凹痕。保险公司统计的所有造成损失的凹痕的示意图被当作"慕尼黑计划"纳入了我的个人词汇库。

现在,这种尺寸的冰雹已很常见。它们经常出现在世界上许多地区。

---

1. 绿岛,位于纽约州的奥尔巴尼县,是纽约州面积最小的城镇。(本书所有注释均为译者添加,以后不再一一标明。)
2. 奥克尼群岛,苏格兰东北部群岛。
3. 海之一族指奥尼克民间传说中居住在海中的能用魔法变身的神秘种族,定期往来于深海与奥尼克群岛之间。他们在春夏季节出现在奥尼克群岛的海岸边,等待捕获人类俘虏。他们绑架毫无防备的渔民或者喜欢嬉闹的年轻人,把他们变成终身配偶来奴役。

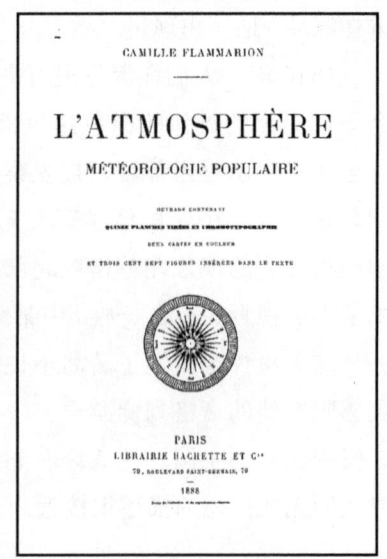

卡米伊·弗拉马利翁（1842—1925）。　　《大气》封面。

有时，更大的冰块也会从天而降。由于它们"肮脏"的颜色，人们会私下议论这与从飞机的厕所落下的冻成冰的东西有关。但是，人们会如何看待"从高空坠落的冰导弹"呢？它们的尺寸远大于上文提到的冰雹。也有传说认为只有在有人飞往天国时它们才会坠落。伟大的法国天文学家，爱好大自然的卡米伊·弗拉马利翁在他的《大气》一书中记录过一块真实存在过的巨大冰块——长 4.25 米，宽 2 米，高 3.5 米，它在查理曼大帝[1]时代从天而降。1802 年，一块半立方米大的冰块从晴朗的天空坠落到匈牙利，与《大气》中提到的冰块相比，它极为渺小。

1849 年 8 月 14 日，伦敦《泰晤士报》报道，前一天一声剧烈的雷声之后，一块巨大的冰块坠落在苏格兰的奥德村："在一声周围的人都听得到的剧烈的雷鸣声之后，一块巨大的、不规则的冰块从天而降，它的周长大约为 6 米，厚度如同庄园主的住宅。这块冰看起来像一块巨大

---

1. 查理曼大帝（742—814），又称查理曼、查理、卡尔大帝，法兰克王国加洛林王朝国王，神圣罗马帝国的奠基人。

的水晶,除了一小部分由大小不同的冰雹组成外,它几乎是完全透明的。它的主体部分由 1—2 英寸(约 2.5—5 厘米)大小的相互粘在一起的钻石状冰块组成。这块巨大的冰块的重量无法确定,幸运的是它没有落到莫法特先生的房子上,否则肯定会摧毁他的房子,并且造成人员伤亡。此外,冰块落下的整个地区没有任何下冰雹或是下雪的痕迹。"

在那个时代,飞机不可能是巨大的冰块从天而降的原因。还有什么解释可以被考虑呢?冰块通常以冰雹的形式落到地表,难道它们会冻在一起进而形成重达数吨的巨型冰块吗?我无法想象存在这样的风,能在巨型冰块的形成过程中使冰块飘浮在空中。或许我们研究的物体在空中移动了极长的距离。今天,我们已经知道太空中存在冻结的水——土星光环包含大量的冻结的水,人们也可以将其称为"冰山环带"。对于陨石和彗星来说,也是一样。在冰构成的陨石进入大气层时,其外层会起到航天飞机的隔热罩的作用,保护其内核能够完好无损地到达地球表面。除此之外或许也存在其他原因,我们真的完全了解我们的星球以及它在无边的宇宙中的周围环境吗?

《悉尼先驱晨报》对约瑟夫·萨莫尔斯事件的报道,1952 年 9 月 26 日。

1803 年
被阻碍的绞刑

事情发生在 1803 年 9 月的澳大利亚悉尼。入室抢劫犯约瑟夫·萨莫尔斯被控杀死了抓捕他的警察,并被判绞刑。在人群的喧嚷声中,萨莫尔斯被押送到刑场——一个固定在两个结实的木桩之间的横梁,横梁上已经挂了一根绳子。萨莫尔斯有一个什么也没供认的同谋,他也被吸引到刑场来看行刑。

即将被处死的约瑟夫·萨莫尔斯站在马车上,马车被准确地推到了横梁的下方。刽子手登上马车要绞死萨莫尔斯时,他请求说出遗言。像审判中一样,他承认了入室盗窃,但他发誓他与谋杀警察无关,真正的罪犯就在他的身边。

围观的人逐渐地失去耐心,军官向站在马车旁的负责行刑的哨兵做了个手势,命令他将罪犯绞死。紧张的拉车的马被狠狠地打了一鞭子,立刻狂奔起来。人们顿时屏住了呼吸。萨莫尔斯在绳子上晃了几晃,随后绳子彻底断了。

人群中传出了低低的议论声,士兵将枪口对准了旁观者。一根新的绳子很快被装上了,马车也驶回了原地。由于罪犯在刚才失败的行刑中受了伤,于是他被装在一个桶里后再放在马车上。刽子手又一次给了马一鞭子,突然人群变得格外安静。人们吃惊地盯着这根绳子,它的纤维一条一条地松脱,并且变得越来越长,最终死刑犯双脚着地站在了地上。

在此期间,越来越多的人出于愤怒而大喊,他们冲向已经把刺刀安在枪口上的士兵。但是上级仍然命令迅速执行判决。因为此时没有可以用的新绳子了,所以军官只好将用过的绳子打了个结,把它们又重新连接在一起。

此时,半死不活的萨莫尔斯第三次被放到了马车上。尽管激动的人群发出了呼喊声,但是死刑执行官还是给了马一鞭子。这一次,绳子在接近犯人脖子的地方断裂了,犯人根本不能被执行死刑。

为了避免事态扩大（并且军官自己也心生疑虑），军官命令将萨莫尔斯押回监狱。法官命令重新调查此案，调查证明萨莫尔斯是清白的。他的同伙被逮捕了，被判处死刑。萨莫尔斯在被处决之前喊出了事实，因此直到最后一刻，某种神奇的力量都一直在阻止清白的人被处决。

约瑟夫·萨莫尔斯被释放了，激动的人群为他欢呼。可惜他并未从这次经历中吸取教训，很快就再次犯罪了。他在行窃时被当场抓获，并被判处数年的强制劳动。后来，他在与另外两个犯人越狱的过程中淹死了。

1804 年
五大湖的致命秘密

即使在有卫星监视的时代，船只在公海永远消失的可能性也无法杜绝，甚至在内陆水域也同样如此。尽管这听起来难以置信，然而北美洲的"五大湖"——密歇根湖、休伦湖、伊利湖、安大略湖和苏必利尔湖——在这方面的狼藉声名毫不逊于百慕大三角或是日本的"魔鬼海[1]"。自从法国人在 300 多年前发现这些湖之后，这片水域发生了不计其数的无法解释的沉船事件。苏必利尔湖东岸的白鱼湾有"船冢"之称，这个名称象征着其可怕的名声。

1804 年 11 月，快速号从约克（今多伦多）起航。船上的乘客是一群法官和政府公务员，他们要前往 140 公里外的里昂岛。同行的还有一个本应在海滨城市纽卡斯尔被绞死的印度裔谋杀犯。快速号由两位经验丰富的船长轮流指挥。本该负责这次航行的船长詹姆斯 理查德森在起航前有了不祥的预感。虽然无法给出令人信服的理由，他仍然尝试说服

---

1. 魔鬼海，又称福尔摩沙三角、日本龙三角，位于日本海以南，20 世纪 40 年代起发生多起船只与飞机神秘失踪事件。

《思科芝号》，作者彼得·林德里斯巴彻。

《汉密尔顿号》，作者彼得·林德里斯巴彻。

图为快速号。

公务员们取消这次航行，或者至少推迟起航时间。但是劝说未果，他不得不把指挥权交给了快艇船长托马斯·派克斯顿。快速号离开港口不久，湖面开始狂风大作。纽卡斯尔城河岸边的信号灯都点亮了，警示这艘船不要出航。尽管如此，快速号还是全速驶离了港口。这艘船直接驶入了未知世界，关于它和船员的任何踪迹都没有再次出现。

　　几个世纪以来，北美五大湖损失的船只和死难者的数量无法用数字统计。在1856年11月的一周之内，就有近30艘船只消失在了安大略湖。1913年的11月份保持着沉船最多的记录——4天内近30艘船只沉没，672人葬身湖内。有人认为现代导航系统和最新的电子监控系统在一定程度上改变了这个问题，但最新的事故清单上甚至还有大量飞机。事实可以否定这种想法。是否如同人们猜测的那样，仅仅因为恶劣的天气条件主要出现在11月？五大湖区出现的人员和物资损失简直令人难以置信，或许是至今未知的力量造成了这一切？

1805 年
"一个灰色的小人经常在晚上……"

阿尔布雷赫特·冯·华伦斯坦。

1805 年 5 月 9 日，伟大的德国作家弗雷德里希·冯·席勒在图林根州的魏玛闭上了他的双眼。他将一个秘密带入了坟墓，这个秘密似乎暗藏着与现在的 UFO 现象类似的事件。早在他逝世前六年，他就完成了一个分为三部分的作品，它的情节建立在三十年战争[1]的基础上，这场战争使德国和几乎整个欧洲从 1618 年至 1648 年陷入死亡和毁灭。席勒作品中的主人公是弗里德兰公爵，即众所周知的阿尔布雷赫特·奥泽比乌斯·冯·华伦斯坦（1583—1634）。他是一位精通战略行动的统帅，他甚至在 1625 年自掏腰包为哈布斯堡皇帝费迪南德二世组建了一支强大的陆军。紧接着他赢得了所有战争，权力急剧增长，这同样对皇帝费迪南德有好处。弗里德兰公爵权力的增长使他成为了帝国阶层成员的眼中钉，1630 年他们在累根斯堡举行的贵族会议上要求罢黜弗里德兰，并且最终成功罢黜了他。他们指控他与不祥的"黑暗力量"结盟。

一年之后，弗里德兰公爵突然重新出山。瑞典皇帝古斯塔夫·阿道

---

1. 三十年战争（1618—1648），由神圣罗马帝国的内战演变而成的全欧参与的一次大规模国际战争，因持续时间有三十余年而得名。这场战争德意志为主要战场，以波希米亚人民反抗奥地利帝国哈布斯堡王朝统治为肇始，以哈布斯堡王朝战败并签订《威斯特伐利亚和约》而告结束。它是欧洲国家间争夺领土、王位、霸权以及各种政治矛盾和宗教纠纷尖锐化的产物。

夫二世来到德国帮助他的新教教友，其军事胜利迫使皇帝费迪南德再次任命被罢黜的弗里德兰为统帅。1632年4月，华伦斯坦再次获得了不受限制的哈布斯堡王朝陆军的最高指挥权，之后他赢了一场又一场战役，把瑞典人从南德赶了出去。他指挥了那场发生在吕茨恩的传奇战役，瑞典皇帝在这场战役中死于肉搏战。

之后华伦斯坦与皇帝又出现了不和。华伦斯坦和另外一方敌人（法国人）的接触，以及他与瑞典人和萨克森人签订的条约导致他的对手又一次在君主那里取得了优势。1634年1月，费迪南德通过法令免去了他陆军司令的职务，以便在一个月之后以谋反罪名逮捕他。从前传奇的福星陨落了。皇帝宣布华伦斯坦的罪名几天后，他在波西米亚的埃格尔市死于谋杀。

一位饱受争议的人物毫不光彩地死去了。他的朋友和敌人都私下议论他可能确实与"黑暗力量"结成了联盟。或许真的有其他力量，有时会给予他启示。

详情可以在席勒的作品中查阅到。在华伦斯坦三部曲的第一部中，几个步兵在比尔森城外的营地谈论传说中的战争之运和世人皆知的统帅的不伤之躯："他能操控运气，运气站在他这边。他麾下作战的人会受到特殊力量的影响。因为全世界的人都知道弗里德兰从地狱雇佣了一个魔鬼。"

士兵们相信，华伦斯坦用一种"魔鬼药膏"使自己变得刀枪不入。一个卡宾枪军团的一个中士和一个小号手也参与了这次谈话，他们了解更详细的信息，这些信息让现在的我们感觉很熟悉："这事很奇怪！他们说他也会看星象，能看到未来的事情，能看到附近和远方的事情。我更清楚这是为什么。一个灰色的小人经常在晚上穿过上锁的门来到他身边，哨兵们通常对他大吼。每次那条灰色的短袍出现后总会发生重大的事。"（《华伦斯坦的营地》第6幕）

"灰色的小人"让我们惊讶地联想到那些不祥的"小灰人"——近年来的UFO事件中的"灰色小人"，他们有时候很可怕，特别是晚上以"卧室访客"的身份出现的时候。人们也在背后议论:即使坚固的城墙也无法阻止他们那令人毛骨悚然的行为。

是这个家伙主动联系华伦斯坦的吗?他今天还对受UFO现象影响的人有伤害作用吗?与现代的绑架剧本不同的是,军队统帅和他神秘的访客之间发生的是频繁的信息交换,是给华伦斯坦带来战略优势的交流。

最后还有一个问题,著名的传奇作家席勒在18世纪末撰写他的三部曲《华伦斯坦的营地》《皮科洛米尼》《华伦斯坦之死》时描写了很多细节,而从这些细节可以推测军阀华伦斯坦可能暗中从外星的智慧生物那里获得了决定性的信息,但席勒又是如何知道这些的呢?

1806年
白衣女子

幽灵可以被当成悲剧的预兆吗?1806年10月9日的晚上,即普鲁士王子路易斯·费迪南德在萨尔费尔德(今德国图灵根州)阵亡的前一天,一个神秘的白衣女子似乎的确带来了不祥的预兆。接下来的故事多名证人可以证明,其中一个是卡尔·冯·诺斯蒂茨男爵,他是第二天战死的王子的副官。

在这次战役中,法国陆军全歼了普鲁士的先头部队。战役前一天,所有军官都集中在鲁道尔

普鲁士王子路易斯·费迪南德。

施塔特宫的一个大厅里等待着王子的归来。这天早上他去了冯·布伦瑞克公爵那里接受作战命令。

将近 20 点时，他和一队士兵回到了宫殿。"先生们，"王子说，"我给你们带来了一个振奋人心的消息。军事行动将于明天开始，我们很荣幸可以和法国人首先交战。"

此时王子心情非常好。他不时地弹钢琴，弹了好几段乐章。然后他转向自己的副官，并对他说："亲爱的诺斯蒂茨，我此刻非常高兴……我们的船终于起航了。"

这天晚上时间过得飞快，午夜 12 点宫殿里的钟敲响了。伴随着时钟的最后一响，路易斯·费迪南德的表情变得很奇怪。他英俊的脸庞变得苍白，琴键上舞动的手指变得僵硬了。他匆忙地擦去眼泪，拿了一根蜡烛冲向门口，然后就消失了。卡尔·冯·诺斯蒂茨惊慌失措地跟着跑出去的王子穿过一条走廊，走廊唯一的出口是一扇通向宫殿庭院的小旁门。

副官来到庭院时，他见证了一起可怕的真实事件。王子手里的蜡烛火苗闪烁，他像木偶般一步一步地跟着一个白衣人影。她慢慢地走向长廊的最外面的一端，在尽头突然消失得无影无踪。

那里根本就没有门或是出口。尽管如此王子还是固执地寻找，好像某个地方隐藏着一个秘密的门。然而门根本就不存在。

当副官来到路易斯·费迪南德身边时，王子激动地问他："诺斯蒂茨，你看到她了吗？"卡尔·冯·诺斯蒂茨回答："是的，我刚才看到了一个白衣女人，殿下。"

"这不是做梦，"王子打断他的副官，"我看到她了，她是一个白衣女人。"

为了确信王子和他没有被幻觉欺骗，诺斯蒂茨走向了卫兵。卫兵回答说一个穿着白披风的人刚才从他的身边经过。由于卫兵认为这个人是一位萨克森州的军官，所以并未阻拦。幻觉的疑虑被排除了。王子命令副官和卫兵不要透露任何与这件神秘事件有关的消息，然后他就去睡

《路易斯·费迪南德之死》，作者理查德·克内特尔。

觉了。

翌日，路易斯·费迪南德骑着马去和法国人打仗。当炮兵到达萨尔费尔德阵地附近的一座小丘上时，普鲁士步兵已经处在施瓦扎村后。王子站在狙击手们的前面，他们热情地欢迎他。骑着马的卡尔·诺斯蒂茨一直陪伴在他身旁。

在路旁的一块高地上，突然出现了一个引人注目的戴着白色面纱的女人。王子也注意到了她，并且他反应非常强烈。他勒住了马，转向他的随从，激动地说："诺斯蒂茨，又是这个女人。她一直跟着我。"然后他仓促地飞奔而去。

诺斯蒂茨的马突然奔跑起来。他必须先让马平静下来。控制住马之后，他骑马回到了刚才蒙面女人所在的小丘上。那座小丘上空无一人。然而，他从其他士兵那里了解到，他们也都看到过那个神秘的女人。

如果她确实是一个幽灵，那么她确实预言了不幸。因为在这命中注定的一天，路易斯·费迪南德在这场战役中殒命，而他的副官卡尔·冯·诺斯蒂茨也身受重伤。

1807 年
狼人的传说

狼人的传说，即能变成狼的人的故事，它有多古老至今仍然无从知晓。但是，古希腊的史学之父希罗多德早在公元前 5 世纪就记述过狼人。栖息于黑海海边的希腊人和斯堪特人[1]认为当地的土著是巫师，因为他们每年中有几天会变成狼人。这更可能是着装的结果，他们在节日期间穿戴这种服饰，以此向某位"神"表达敬意。

心理学家把近一万个狼人故事解释成"人类暴力的形象"：人们没有把自己下意识的恐惧归结于可怕的动物或是想象的形象，而更愿意相信是他们自己变成了巨兽，具有长着毛皮、爪子和利齿的狼的形态。

狼人（木刻版画，1772 年）。

---

1. 斯堪特人，古代游牧民族，公元前1世纪定居在黑海以北、俄罗斯以南，属印欧语系。

1807年的秋天，一个村庄的所有村民在现在波兰的维斯瓦河岸边的一座小丘上兴高采烈地庆祝收获节。庆祝进行到高潮时，一声可怕而凄厉的叫喊震动了周围地区。几个年轻人吃惊地跑向喊叫声传来的方向，他们正好看到一匹巨大的狼把一个将要结婚的漂亮的女孩抓住并拖走。她的未婚夫也再没有出现过。

狼人袭击村庄（木版画，1512年），作者卢卡斯·克拉纳赫。

年轻人中最勇敢的一个跟着那匹狼，最终拦住了它。这头猛兽放下了战利品，它蜷缩着身体，露出牙齿，准备扑向跟踪的人。几个村民跑回去拿斧子和枪。他们再次回到事发地时，这匹狼又叼起那个女孩逃入了附近的深林。

多年之后，村民们又在同一座小丘上庆祝收获节。一个老人走向欢乐的人群，村民们邀请他一起来庆祝，他一言不发，只是闷闷不乐地坐下喝着酒。一个与他同龄的农民坐在他身旁，仔细打量着他。然后这个农民问他："你是杨吗？"

这个老人竟然是这个农民多年前失踪的哥哥。不一会儿，越来越多的村民凑了过来，听这个一开始沉默不语的访客的叙述。他说自己被一个巫师变成了狼，之后他拖走了他的未婚妻，并和她在附近的森林里一起生活了一年。然而一年之后她就死了。从那时起，他痛苦时就毫不留情地袭击男人、女人和小孩，并撕碎他在路上遇到的所有动物。

他伸出手给村民看，他的手看起来确实沾满了血。四年前他重获人形。从那时起，他迷茫地从一个地方去往另一个地方。他回到家乡是为了再看看他的弟弟、朋友和邻居。在这之后他决定继续当一匹狼来了却余生。说完这些话之后他又变成了狼。他从惊恐的村民身边跑过，朝附近森林的方向奔去，此后再也没有人见过他。

今天，心理学家谈论"变狼妄想症"时，说它是人以为自己变成动物的精神错乱，在极端情况下病人甚至会杀人。

尽管这类事件如今已经很少发生，但真的可以把无数起这类事件仅仅归因为某种特殊的精神疾病吗？

1808 年
皮埃蒙特上空的 UFO

之前，对 UFO 现象感兴趣的人中有一种观点占了上风，即始于 1947 年初夏的 UFO 现象与我们这个时代的一个秘密有关。事实上，UFO 事件很早就被记录了下来。人们用现代眼光来解释一些可以追溯到旧石器时代晚期的岩画，推测我们的先祖早就在天空中观察到了这些奇怪的东西。这些现象一定对他们意义重大，所以他们才把它们画在岩壁上留给后人。人们常常在西班牙、法国和意大利的岩壁上找到这些画。

我们将目光集中到意大利。1808 年，有大量的不明飞行物在意大利北部的皮埃蒙特地区上空被观察到。目击的日期更有意义，因为当时不存在能和 UFO 相混淆的地球航空技术，并且当时这样的现象一个接一个地发生。

1808 年显得异乎寻常，它以空前的不明飞行物被目击频率而闻名于世，其中 4 月份尤其显著。4 月 2 日，极速低空飞行的发光的物体频繁地飞过靠近皮内罗洛市的佩罗萨阿尔真蒂纳村。在 4 月 11 日和 12 日的

Diary Describes UFO Seen In 1808

BY HAL STOKES

Back in 1808 in Camden, Maine, there certainly were no weather balloons or Air Force jets to be confused with flying saucers. George Washington's soldiers had barely gotten back home to their farms.

But something odd happened one summer night that year which was recorded in the diary of a Potsdam man's great-great grandmother.

Today the passage is interpreted by his wife, an historian who is studying the diary, as a first-hand account of a UFO sighting in the early 19th century.

"I thought she was describing a UFO when I first read it," said Dr. Judith Becker Ranlett, an historian who teaches at the State University College at Potsdam. "If she had seen something normal, she would have attempted to explain it as a natural phenomenon," according to Dr. Ranlett, who is using the diary as the basis for scholarly research on women's history.

The diary was written by Cynthia Everett, a Massachusetts-born school teacher who taught in Maine during the early 1800s. Born in Rutland, Mass., in 1785, she moved to Maine in 1804 with her family and kept the diary between 1804 and 1815, the year she married. The diary remained in the family.

The past year, Dr. Ranlett undertook the task of transcribing the manuscript into 600 typewritten pages. It was then that she first read the passage that she believes describes a UFO sighting.

The account is written in a firm hand on yellowing rag paper that is in remarkably good condition. The entry begins as a new paragraph to her recollections of the events of July 22, 1808; it is quite unrelated to the passage that preceeds it.

"About 10 o'clock I saw a very strange appearance. It was a light which proceeded from the East. At the first sight, I thought it was a Metier, but from its motion I soon perceived it was not. I(t) seem to dart at first as quickly as light; and appeared to be in the Atmosphere, but lowered toward the ground and kept on at an equal distance sometimes ascending and sometimes descending. It moved round in the then visible Horison. (it was not very light) and then returned back again, nor did we view it till it was extinguished."

That is the only passage in the entire diary that mentions the sighting, according to Dr. Ranlett. She finds it significant that Cynthia Everett did not explain what she witnessed as a natural phenomenon, since she was well-educated and had first-hand knowledge about the night sky. "She was the kind of person who would have explained it as a natural phenomenon, if she could have."

Dr. Ranlett reasoned, because Cynthia would have been teaching school at 10 a.m. and besides she always made her entries in the diary just before she went to bed. Dr. Ranlett said she determined that the sighting was in Camden through the various people that are referred to on that day.

Cynthia was 24 years old when she wrote about seeing the strange light. She was single but was living, as teachers did, with a family in the area of the school. She changed her lodgings about once a week, according to Dr. Ranlett.

The schoolteacher had a good education for the period, Dr. Ranlett said. She had attended Leicester Academy at Leicester, Mass., one of the few truly coeducational schools where women went to class with men.

The diary was written until Cynthia was in her 30th year. Entries cease three days after her marriage to John Ranlett,

"At the first sight, I thought it was a Metier, but from its motion I soon perceived it was not."

said Dr. Ranlett. "In fact she did, her first thought was that it was a meteor."

Cynthia Everett was a woman who was well aware of the occurrences of nature according to Dr. Ranlett. In her diary she recorded earthquakes and the appearance of a comet. Her son became the captain of a clipper ship and navigated by the stars on a ship out of Thomaston, Maine.

Dr. Ranlett is quick to point out that she herself is personally not a fan of the extraterrestrial. "I have no feelings one way or the other on UFOs," she said.

The sighting must have been at night.

a widower with six children. He later died, but she remarried and the diary went to her son, who kept it in the family. Her grandson, who became a lawyer, did some work transcribing it about 1880. The manuscript was bound in a handmade cover made of cloth backed with newspaper.

The diary belongs to Dr. Ranlette's father-in-law, who loaned it to her. She said that she is not nearly as interested in the passage about the strange light as she is about the revelations of the woman earning her own living in the early 19th century.

1808 年描述 UFO 现象的日记被发现的报道。

晚上，一个发光的物体在拉莫拉的上空飞行。那时的人们已经了解了陨石，并可能把自然界的物体当作陨石。4 月 12 日白天，一个耀眼的发光物体在卡尔马尼奥拉惊吓到了一位骑士的马。马受惊了，瞬间把主人甩下马鞍。4 月 15 日，一个纺锤形物体飞过离皮内罗洛不远的小城托雷佩利切。三天之后，又一个不明物体近距离地飞过此地。

1808 年 4 月 18 日清晨，托雷佩利切法官的秘书希格诺雷·西蒙迪被刺耳的声音惊醒。这种声音极具穿透力，而且经久不息。最后西蒙迪从床上起来，跑到窗户边寻找这奇怪噪音的源头，他正好看到了一个发光的圆盘从对面的草地起飞，以惊人的速度飞向了天空。

这个月之后，UFO 就很少出现在这个地区的上空了。10 月 12 日，发光的飞盘又一次飞过皮内罗洛，之后皮埃蒙特地区上空逐渐恢复了宁静。

1809 年
神秘失踪的外交官

佩勒贝格是位于德国勃兰登堡州的威斯特普里格尼茨地区的小城。它以 15 至 17 世纪的木结构房屋、罗兰德立像和中世纪晚期的城市教堂而闻名。几乎没有多少人知道，200 多年前在这里发生了一起现代史上最神秘的失踪事件。时至今日，拿破仑战争时期在维也纳的英国公使本杰明·巴瑟斯特失踪事件依旧未被查明。在第二次世界大战期间在匈牙利冒着生命危险救出了很多犹太人的瑞典外交官拉乌尔·瓦伦贝格的命运和他的命运极为相似。1944—1945 年，红军占领布达佩斯后不久，瓦伦贝格失踪了。虽然从那时起很多谣言和猜测流传开来，但是这两起事件的详情都未被查明。

本杰明·巴瑟斯特是一位年轻的外交官，他是英国首相的侄子。1809 年 11 月，他带着一封重要的公函回英国。拿破仑取得瓦格拉姆之战[1]的胜利后，法国情报人员蜂拥而至。出于安全考虑，巴瑟斯特改道而行。之前他在柏林为自己和他的瑞士仆人买到了假护照。11 月 25 日前后，他们在去往汉堡的路上停留在上文提到的小城佩勒贝格。他们计划在汉堡乘船回英国。巴瑟斯特和他的仆人及另外两个旅客同乘

神秘失踪的英国外交官本杰明·巴瑟斯特（1784—1809）。

---

1. 1809 年 7 月 5—6 日，法国与奥地利军队在维也纳城东北瓦格拉姆地区进行的会战，拿破仑取得了对卡尔大公率领的奥地利军队的绝对胜利，粉碎了奥地利与英国领导的第五次反法联盟。

一辆马车。马车必须换马,这四位乘客利用这段时间在旅店吃晚饭。

接近晚上 9 点时,四位客人离开旅店继续自己的旅程。行李被装上马车时,巴瑟斯特不知为什么走到了马车的后面,几秒之内他就消失了,什么踪迹都没留下。他的仆人、同行的乘客、马车夫和旅店的主人立刻开始寻找他,但搜寻无果而终。这位英国外交官简直是凭空消失了。仆人非常担心突然失踪的巴瑟斯特,他在市政府找到了市警备司令,一个名为豪普特曼·柯林琴的人。谈话过程中,他感到柯林琴已经了解了此事。因为这位警备司令在傍晚时已经派遣了两名士兵到旅店,他们在那一直待到了 19 点。他们应该是被其中一个同行的旅客打发走了。豪普特曼·柯林琴在巴瑟斯特失踪后让他的手下找到了他的行李,并设法将同行的旅客安置在了"金色王冠"旅店。

人们普遍认为这起神秘的失踪事件是一次暴力劫持事件,尽管一切发生在电光火石的一瞬间,并且悄无声息。也有人担心巴瑟斯特或许已死。他行李中的貂皮不见了,后来人们在旅店中找到了它,它被草率地藏在柴火堆里。四名警察搜寻了佩勒贝格所有的饭店和旅店,直到深夜。此外,一个渔民受命搜寻了流经城边的施泰珀尼茨河,但还是毫无这个英国人的踪迹。几天之后,市警备司令不知何故旅行去了。但等他回来时,他已经了解到本杰明·巴瑟斯特是一名递送机密公函的重要的英国高级外交官。警备司令柯林琴命令属下带着狗搜寻佩勒贝格的所有周边地区,并且堵住了施泰珀尼茨河,可惜仍然一无所获。

为了帮助查明这起神秘事件,巴瑟斯特的仆人留在了佩勒贝格。后来他辨认出了在附近的山毛榉林里找到的外交官的裤子。裤子由内向外翻着落在森林里的路上,仿佛有人故意想让它被找到似的。裤子上有两个像是手枪子弹穿过造成的洞,奇怪的是布料上并没有沾血。人们在一个口袋里找到一封被压皱了的写给巴瑟斯特的妻子的信。巴瑟斯特在信里写到他担心妻子再也见不到自己了,他提到了一种危险:幕后操纵者可能是某位来自昂特赖居厄的伯爵,他是那个时代的一个危险的双重间谍。

这起事件在19世纪初的政坛上引起了轰动。英国政府悬赏1 000英镑，外交官的家人另外悬赏了1 000英镑，即便如此，也没人能够给出任何关于本杰明·巴瑟斯特命运和下落的线索。

1810年，巴瑟斯特年轻的妻子去佩勒贝格做了一些调查。然后，她从那里去了法国。拿破仑以个人名义给她配备了一个指南针，他想塑造一个爱好和平的可以合作的皇帝的形象。她听说了许多有关她的丈夫失踪的传言，其中之一似乎最接近真相。据说马格德堡[1]的监狱长一次对一个人说："他们在找英国公使，但是他安全地待在我这里。"

有人出于某个原因把巴瑟斯特劫走，并把他关在监狱里了吗？他的妻子后来就此事与这个监狱长对质，她得到的唯一答案是：他把被关押者的身份弄错了。一无所获地返回英国之后，巴瑟斯特太太开始寻找她的丈夫在信里提到的那个人。她寄希望于那位来自昂特赖居厄的伯爵，即那个可疑的双重间谍。她希望从他那里可以得到能够解开折磨了她半年之久的谜团的消息。事情确实完全不同了。

她拜访这位贵族时，他向她透露她的丈夫确实被关在马格德堡的监狱，并且承诺他会陆续交给她证据。但这次会面几天之后，这位贵族和他的妻子被谋杀了，凶犯也在交火中死了。这样一来，查明神秘的巴瑟斯特失踪事件的可能性不复存在了。

当时，人们猜测法国人绑架了巴瑟斯特，并且杀害了这位箱子里携带着重要文件的外交官。英国与法国的关系并不好，在巴瑟斯特失踪三年前，法国尝试通过建立"大陆封锁线"[2]使英帝国屈服。

这次绑架（如果这是一次绑架）是如何实施的，在200多年后依旧扑朔迷离。劫匪是如何藏在马车的后面并实施绑架，且使同车的旅客还有路边的行人免于发现他们曾扭打、射击、叫喊并且使用了其他手段的呢？本杰明·巴瑟斯特去了马车后面，他立刻就消失了——仿佛他脚下

---

1. 德国萨克森—安哈尔特州的首府，地处易北河畔。
2. 即大陆封锁政策，指1806—1814年间拿破仑针对英国的经济封锁和政治孤立政策。

的地面裂开似的，但是地面没有留下任何痕迹。他的失踪是欧洲近代史上最大的谜团之一。

1810 年
埋葬假死者

最糟糕的经历应该是被活埋。即并非自愿，而是处于"假死"状态被当作死人埋掉了。这种事件在较早几个世纪里常常发生，在棺材里断气之前的呼吸会让受害者发疯。从前，人们想出了很多独特的方法，使被活埋的人有机会让其他人注意到自己。例如一个口能伸出地面一点的长漏斗。如今，现代医疗技术能够从根本上杜绝这种可怕的事情了。

在过去，有时候命运也是幸福的转折。维多琳·拉佛嘉德是一个年轻貌美的女子，她出身于一个法国低等贵族家庭。令所有人惊讶的是，她爱上了一个出身完全不同、非常贫困的名叫朱尔斯·博苏艾的记者。她的父母反对这两个年轻人结合，并强迫她嫁给了他们挑选的男人。对维多琳来说，这简直生不如死。经历了几年痛苦的没有爱情的婚姻生活后，她在 1810 年突然生病死了。朱尔斯·博苏艾得到消息后立刻去了维多琳的墓地。他伤心地想要为自己寻找一个纪念物，他在余生中都不想忘记她。于是他挖出了他心爱的女人的棺材，想剪下一撮她的头发。这时她睁开了双眼。朱尔斯·博苏艾立刻反应了过来，对其他人来说维多琳已经死了并且被安葬了。维多琳休息了一段时间之后，他们两个人登上了去往美国的轮船。他们在那里生活了 20 年。直到他们认为家乡没有人能够再认出维多琳时，他们回到了法国。

但是，他们没有考虑到人们良好的记忆力，担心的事情还是发生了。很快连维多琳的"鳏夫"也了解了此事，他立即通知了当局，法庭传唤了他在法律上已经死亡的妻子。幸运的是，法官判决对她免于起诉。维多琳和朱尔斯·博苏艾被允许继续以夫妻身份生活，他们不受干扰地生活在家乡。

1811 年
甲板上没有魔鬼

1811 年的一天，渔民们和来自纽波特附近的伊斯顿海滩的其他居民在美国的罗德艾兰州经历了一次令人不安的观测。这天北大西洋波涛汹涌，天空阴暗。一艘巨大的帆船正好撞到了通向奈特甘石特海湾入口的运河中的暗礁，船面临着沉没的危险。人们一边叫喊着一边绝望地跑到了河岸上，等待着随时听到船舱板断裂发出的巨大声响。突然船转向了，灵巧地沿着暗礁行进，穿过了狭窄的运河，然后沿着直线航行到了海滩上。风依旧把船帆鼓得满满的，没有人把船帆降下来。船接近沙滩时，一个巨浪掀起船头，把船完好无损地冲到了沙滩上。

渔民们涌向甲板祝贺船长杰出的操控技术，但是除了一条静静地坐着的狗之外，船上没有人。船上厨房的灶上，咖啡已经煮干了，早餐已经为所有船员们准备好了，船员宿舍的上方还有一股烟草的气味。

这艘船是海鸥号，船长约翰·达勒姆指挥它，并且它应该在这天返回船籍港。它满载着咖啡、含酯松木和其他的热带木材等货物从英属洪都拉斯返航。

船长是一个粗暴的新英格兰人，他在附近颇有些名声。他在航海日志中最后记载的内容，是他观测到了离海岸有几公里远的布兰顿暗礁。此外，另一艘渔船的船员还报告称，海鸥号触礁前两小时还在海上和他们交换过信号。截至当时，甲板上一切还非常正常。

后来人们推测船员们被礁石上汹涌的波涛吓坏了，放弃了船并被淹死了。但是遭难的是有经验的水手，而救生艇短缺的消息也没有出现在任何报道里，在接下来的几天和几周里也没有尸体被冲到岸边。

人们把货物卸下来，并把它们运到了附近的纽波特。后来人们尝试使那艘船再次浮起来，然而没有成功。因为那时船在沙滩上陷得更深了。所以人们只好把船留在原地，让它自生自灭。

几个月之后的一天晚上，一阵狂风吹过海岸，掀起房子般高的巨浪拍打在沙滩上。第二天早晨，伊斯顿海滩的居民估计船应该被撕成了碎片，它的遗骸应该四散飘在海上。然而船却开走了，而且沙滩上毫无踪迹。海鸥号驶回到了大洋里，永远消失了，再也没人看到过它。

1812年
预知梦中的谋杀案

"预知梦"，即在梦中预知未来发生的事件，已有很长的历史了，尤其是由政治原因引起的谋杀案。例如众所周知的凯撒的夫人卡尔普尼亚梦到她的丈夫被谋杀。

斯宾塞·珀西瓦尔（1762—1812）。

1812年5月2日晚上，采矿工程师约翰·威廉姆斯预知了非常重要的事件，并且他的预知有案可查。他详细地梦到了英国首相斯宾塞·珀西瓦尔被谋杀的过程。威廉姆斯激动地把他的梦讲给了他的作家朋友约翰·阿伯克龙比，约翰·阿伯克龙比1834年才复述了他朋友的话，内容如下："威廉姆斯先生在下议院，在那里他看到一个穿着蓝色西服和白色马甲的矮个男人。他还在观察那个矮个男人时，

斯宾塞·珀西瓦尔被枪击场景。

一个穿灰色西服的人突然掏出一把黄铜色的手枪,向那个矮个男人射击。矮个男人倒下了,血从左胸口下一个开裂的伤口喷涌而出。"

在他预言般的梦里,约翰·威廉姆斯清楚地听到了手枪的响声,他看到鲜血流了出来,矮个男人的马甲被染红,脸变成了惨白的颜色。在梦里谋杀犯被抓住了。在问到谁被枪击致死的时候,人们告诉他是财政大臣。那时,斯宾塞·珀西瓦尔爵士担任着英国政府的首相兼财政大臣。

威廉姆斯在同一晚还做了两次同样的梦。在后来的一周他把他的梦讲给许多人听——包括他的弟弟、他的一个商业伙伴和两个他的家乡康沃尔郡法尔茅斯市的政界人士。

一周之后,斯宾塞·珀西瓦尔爵士在下议院的长廊里被一个叫约翰·贝林汉姆的人枪杀了。一切都像约翰·威廉姆斯梦到的那样发生了。

梦的每一个细节都被证人证实了，甚至死者和凶犯的衣着也被证实了。在谋杀案发生的五天后，约翰·威廉姆斯所预知的梦在著名的《泰晤士报》上被详尽地刊登了出来。

1813 年
红色的雨

与普通降雨在某些细节上不同的"雨"从天而降，这种事情今天也时不时地发生在我们所处的纬度地区。我会在后面的章节更详尽地说到异常的降雨，它们甚至含有各种小动物与真正的肉、血和肌肉组织。

这种变异的降水"较为无害的"，大多是由于矿物污染造成的，较少的是由于动物污染造成的。

1813 年 3 月 14 日，意大利下了一场血红色的雨。它是由来自北非沙漠地区的灰尘造成的。来自那不勒斯的教授西蒙蒂尼记录了这次红色的降雨："当天气在下午两点突然变得闷热时，从西边刮来的这场风已经持续两天了。天空乌云密布，天色逐渐昏暗，以至于人们必须点上蜡烛。惊恐的人们成群地涌入主教座堂去祈祷。天空呈现出烧红的铁的颜色，雷电交加，经久不息，然后红色的雨倾泻下来。"

当人们尝到雨水时，人们确定它的味道是淡淡的泥土味。此外，雨水留下的残渣是黄色的。教授西蒙蒂尼研究了残留物，但他当时也无法说出其来源。现在我们知道，狂风卷起了来自撒哈拉沙漠的灰尘和沙粒，它们就是所谓的"喷射气流"——高速气流，飞机的飞行员常常利用它们使飞机更快地前进——灰尘和沙粒被吹到了千里之外，并和雨水一起降到地面。现今黑色的雨主要是由工业污染物造成的，而花粉则是造成黄色降雨的主要原因。极微小生物也可能是有色降雨的原因。

1880 年，来自日内瓦的布鲁恩教授研究了摩洛哥的迪耶贝尔耶克拉地区血雨的报道，这场血雨使当地居民非常不安。布鲁恩确定岩石和植物被风干的微小的鳞片覆盖了，这些鳞片是一种单细胞藻类的残余物。他认为这些藻类是被热带旋风暴刮到那里的。然而他无论如何也解释不了，是什么力量选择了这种单细胞藻类。因为这场罕见的红色雨仅仅是由这种藻类中的新生的水藻组成的。

1814 年
失踪于百慕大三角

百慕大三角是北大西洋西南部的一片海域，其三个顶点分别是波多黎各、百慕大群岛和佛罗里达西边的墨西哥湾。自从欧洲人发现西印度群岛以来，百慕大三角就是一片声名狼藉的海域，它意味着危险。它被

图为皮克林号。

交战中的起义号。

神秘的色彩笼罩，并且还常常带来厄运。自克里斯托夫·哥伦布时代起，在西班牙水手最早的报告中，就可以看到各种不同的神秘现象的描述，它们非常令人惊恐。为西班牙效力的热那亚人记述了一个火球形的物体，一开始它围着他们的旗舰运行，然后冲向了海底。当船上的水手发现罗盘指针开始转圈时，他们非常害怕并且差点哗变了。如今谈到百慕大三角的神秘事件，这种现象已经人人皆知了。

1502年6月，克里斯托弗·哥伦布的17艘三桅帆船失踪了，这是发生在这片不祥海域的最早的有记载的船只失踪事件。

甚至连几十年之后的英国文豪威廉·莎士比亚（1564—1616）都知道其狼藉的名声。他在其戏剧《暴风雨》中隐射了此事。在第一幕第二场中，他让爱丽儿说："你曾在午夜唤醒我，让我前去被汹涌波涛包围的百慕大群岛采集露水。"[1]

---

1. 此处原文为："in the deep nook, where once/ Thou call'dst me up at midnight to fetch dew/ From the still-vex'd Bermoothes, there she's hid."

让我们穿越时间吧,因为这里所讲的重点是19世纪。

19世纪初,因为美国东海岸的航海运输日益发达,失踪的船只数量也日益增多。百慕大三角即使在军队面前也兴风作浪,美国海军也损失了数艘大型战舰——其中两艘是在1800年8月失踪的起义号和皮克林号。后者在从瓜德罗普开往新英格兰的特拉华州时失踪,船上有19人。另外,爱国者号也未能幸免。1801—1805年曾

随爱国者号一同消失的西奥多西娅·伯尔(1783—1813)。

图为黄蜂号。

任美国副总统的阿龙·伯尔的女儿西奥多西娅·伯尔当时也在爱国者号上。1813年1月，爱国者号永远消失了。

目前为止，全船人员损失的最高纪录要数1814年10月9日美国海军黄蜂号失踪事件。在这命中注定的一天，美国军舰黄蜂号失踪了，船上140人无一生还。

在其后不到一个月的时间里，多艘大型船只令人费解地失踪了，后来也有许多飞机在百慕大三角上空失踪。对这些神秘失踪事件的尝试性解释，包括时空穿梭、黑洞（它可以使人进入平行世界）和外星智慧生物的入侵等。

但是，没有几种解释是可能的。近来许多学者偏向认为海底存在巨大的甲烷气泡。当这些气泡爆炸时，海水的浮力会瞬间降至零，船发出求救信号前就会沉没。但是，这个解释对失踪的大量飞机也适用吗？

造成这些史无前例的大量神秘失踪事件的原因还可能是什么呢？在失踪船只和失踪飞机的名单不断变长的情况下，想要通过否认来解决问题是不可能的。把频频提到的"意外"归罪于百慕大三角也是不可取的。百慕大三角的谜团肯定还会困扰我们更久。

第九代诺森伯兰伯爵亨利·珀西（1564—1632）。

1815年
伦敦塔的鬼怪

从前，准确地说是从亨利一世政府时期起，为了取悦国王，大量野兽被养在伦敦塔内。那儿有狮子、熊、斑马和鬣狗，甚至还有大象。直到1835年这个动物园才因为一个守卫被狮

《简·格雷的处刑》（油画，1833），作者系法国画家保罗·德拉罗什。

子咬死而被取消，当时这个动物园里各种动物被分类饲养。1815年的某个午夜，一个看守入口的守卫看到了一只巨大的熊，熊在他面前站了起来。这个面临死亡威胁的守卫刺出了他的刺刀，但他惊讶地发现，这一刀刺空了而且刀尖扎进了橡木门。但是刚才的熊就在橡木门的位置，第二天早上这名守卫就报告了这件事，但是第三天他就因为这次恐怖的遭遇被吓死了。

骚扰著名的伦敦标志性建筑的鬼怪不仅只是"动物状的"鬼怪。1605年，亨利·珀西[1]因为参与火药阴谋被关进了伦敦塔的马丁塔。火

---

1. 此处的亨利·珀西为第九代诺森伯兰伯爵。

药阴谋是一次针对国王詹姆斯一世和英国政府的谋反，亨利·珀西被关押了17年。后来他用当时天文数字般的30 000英镑赎了身。尽管他被释放了，没有被处以极刑，但是他死后鬼魂仍然在塔内作祟。目击者看到他在防卫墙上散步。过去他被关押时，常在那里放风。

简·格雷[1]是马丁塔中一位更为著名的囚犯。她因卷入了一起阴谋而被审判，1554年2月12日被砍头。从那时起她的鬼魂就在伦敦塔作祟。她死去的那天，一名守卫看到一团白烟变成了简·格雷的样子，他立刻喊来了另外一个守卫，那人也目睹了这个现象。

还有大量马丁塔的幽灵的故事，但并不是所有的故事都与监狱曾经的囚徒有关。其中一个独特的现象只出现了一次，直到今天也无法查出原因。1817年10月，掌管王冠的掌玺大臣埃德蒙·伦索尔·斯威夫特和他的家人坐在一起吃晚饭，他们看到一个玻璃灯罩突然从餐桌上飘了起来，灯罩里是旋转的淡紫色的液体。这个灯罩慢慢地飘到了斯威夫特的妻子背后，她害怕得大喊起来。斯威夫特举起一把椅子朝这个幽灵般的容器扔过去时，它消失了。此后这个现象再也没有出现过。

1816年
与恐龙同行

1816年，一些石化了的特殊脚印在美国密苏里州圣路易斯附近的密

---

1. 简·格雷，即"九日女王"。1552年，英王爱德华六世选择王位继承人时，摄政王约翰·达德利公爵力主排除天主教公主玛丽而选择简·格雷公主继位，并让简与自己的儿子吉尔福德结婚。简与吉尔福德举行婚礼后被送往乡下庄园，等待接受王位。爱德华去世，简举行加冕仪式，玛丽公主逃往国外。16岁的简大权在握，与达德利等进行斗争，元老们大为不满。她在位九天就遭废黜，与丈夫一起被关入伦敦塔。这时玛丽率军队回国，被拥立为王。1553年，玛丽一世继位，她让简与吉尔福德改信天主教。简与吉尔福德断然拒绝，双双被送上断头台。

爬行动物与类似人类脚印的化石岩层照片。

西西比河西岸被发现。这些脚印大约有 28 厘米长，脚掌有 10 厘米宽。研究这些脚印的亨利·斯库克拉夫特断定这些脚印来自某种习惯于赤脚长距离行进的生物——人类。斯库克拉夫特这样描述它："它非常自然，由肌肉组织和脚后跟与脚趾的曲面清晰地压成，并且非常精确和真实，我简直无法描述。"这件事的奇怪之处在于这些人类创造的脚印是在地质学家断定有 270 万年历史的石灰岩岩层中被发现的。

如此一来，我们就进入了另外一个地质年代，那个年代既不是被人类所掌控，也不是被哺乳动物统治。这样追溯起来，人类的存在就处于地球中古世纪的开端。这个时期，巨大的爬行动物恐龙统治着陆地、海洋和我们这个星球的天空。顶多像今天的刺猬一般大小的哺乳动物祖先在数吨重的史前巨兽的阴影下勉强生活，他们在恐龙脚下的土地上见证了一切。那么，人类呢？虽然总有新出土的化石可以把人类谱系追溯到更早的时期，然而古生物学者一致认为，现代人最早的祖先在 300 万至 400 万年前还生活在树上。

爬行动物与人脚印重合的化石。

密西西比河西岸发现的脚印违背了进化论，并且它们不是唯一的发现。

1890年，人们在美国肯塔基州的坎伯兰山脉中发现了一个有300万年历史的岩层。发掘者找到了多种爬行动物的脚印，其中还有两个看起来像人类的脚印，他们声称这些脚印"非常匀称，有分叉的脚趾，而且很清晰"。

后来，帕拉克西河成了所有进化论者的超级灾难。1908年，美国得克萨斯州达拉斯西部格伦罗斯的一条河中的一次大潮拍碎了河岸的石灰岩，恐龙的脚印露了出来。人们发现了许多不同种类的爬行动物脚印，同时也发现了许多人类脚印。这些脚印有35厘米长，有可辨认的人类脚印的所有特征。人们可以根据某些脚印清晰地辨认出五个脚趾。按脚印大小推断，这些人类的身高超过了两米。

在之后的几十年里，又有数百个恐龙脚印在周围几公里内被发现。这些脚印的边上和里面，常常有人类留下的痕迹。此外，这些脚印并不是单独的或者没有关联的，而是连续的。左脚和右脚的脚印距离正常，与现代人类向前行走的脚印完全一致。然而，这种神秘的生物的脚印出现在140万年前的岩石中，他们显然与恐龙行走在同一个时代。

已有的科学对这些案例最常见的解释是：这一切都是伪造的。因为"事实"并非如此，也不可能是这样。另一方面，原教旨主义的神创论教派也很关心这些化石。特别是在美国，许多严格信仰圣经的教派倾向于逐字逐句地阅读第一卷中摩西描述的创世故事。对他们来说，爬行动物和人类的脚印出现在几千年前，地球不存在持续了数百万年的历史。

还有一些人又想到一个已经灭亡了的文明，在几百万年前它应该就已经存在。

然而，我个人不能接受这种相互矛盾的结论。谁能肯定所有的恐龙在大约 6 000 万年前都灭绝了？在我们世界最偏僻的角落里，或许还有一些让人无法相信的意外等待着我们。

1817 年
田纳西州的女巫贝尔

19 世纪早期，最可怕的魔鬼显灵事件之一发生在美国的东南部。在田纳西州的小地方亚当斯，一个富裕的农民和他的家人被一个恶毒的魔鬼无休止地折磨了四年之久。这个自称"女巫贝尔"的魔鬼声名狼藉。这起事件是少数造成死亡的事件之一。约翰·贝尔和露西·贝尔与他们的孩子住在自己的农场，1817年他们的女儿伊丽莎白突然成了一个魔鬼的攻击对象。最开始发生的事情还相对无害，后来攻击的强度持续上升。最开始他们听到可怕的声音，像喘息和漱口或是狗爪子抓地板的声音，不久后他们听到很重的链子被拖进房子的声音。而真正的事件这时才刚刚开始。

田纳西州的女巫贝尔。

不久，这家人晚上睡觉时被袭击，被子被拖走。要是反抗会被一只看不见的手重重地打一巴掌。有人或是东西在黑暗中抓孩子们的头发。伊丽莎白·贝尔尤其会遭到攻击。人们常常听到晚上她在房间大喊。并且魔鬼对这个女孩的攻击变得越来越强烈。

家人非常担心伊丽莎白的健康。他们想让还在长身体的她离开这个总是被攻击的地方,于是把她送到了一个关系亲密的朋友家。然而这个女巫跟着她,并且攻击变得更加强烈。伊丽莎白觉得有时候有人想要掐死她,她呼吸急促甚至有时候会昏厥;有时候她的脸上会凭空出现红色的条纹般的伤痕。她说她感觉全身被针刺,有时觉得像是被尖锐的物体刺到。

很快许多"不怕鬼的人"和自诩的驱鬼者来到贝尔的农场。这个讨厌的女巫逐渐对那些人的行为做出了反应,但是她不回答任何关于她的来历的问题。这个女巫大声清晰地回答了他们提出的问题:"我是一个无处不在的魔鬼,天堂、地狱和人间。我能出现在天空中,在房屋里,我能在任何时间出现在任何地方。我是几百万年前被创造出来的,这就是我想说的全部。"

后来她使用了非常无耻的言语,这件事在整个地区流传开来了。一开始她毫无区别地攻击贝尔一家的每个成员,但是很快就明显地攻击母亲露西,后来又转向攻击贝尔一家的另外一个成员。一天晚上,她在厨房当着许多人的面宣布:"我决定了,我要跟着并折磨老约翰,直到他死为止。"

从那时起,她不再恶意地攻击伊丽莎白,转而攻击她父亲。这个看不见的女巫用最可怕的方式折磨他。他的舌头明显肿了起来,以至于他既不能吃东西也不能说话,而且他的整张脸都不自然地变形了。他越来越虚弱,连续数日没有能力做任何事情,很多次他都快窒息了。1820年10月中旬,他曾短暂地恢复,然后又被这个看不见的存在用最强烈的方式攻击。

几周之后,约翰·贝尔彻底失去了力气。1820年12月19日的早上,家人发现他身体扭曲地昏厥在床上。家人请来的医生弯下腰检查这个将死之人时,人们又听到了那个刺耳的声音:"你永远救不了这个老约翰。这次我要杀了他!"第二天早上,约翰·贝尔死了。

现在超心理学家认为,魔鬼出现在发育期的青少年身边是非常典型的现象。他们能通过其强烈的内心激动引发不同的鬼怪显灵，这些内心的激动起因于矛盾的心情。攻击突然转向父亲，可能是对于他的仇恨的表现，这种仇恨非常强烈，但是未被承认。或许父亲曾尝试接近他的女儿，最糟糕的情况是两者有乱伦的关系。美国许多地区的农村，生活看上去虔诚，其实是虚伪的，这种生活状态是产生这类冲突的理想温床，这类冲突就是以这样的方式扩大的。

1818 年
不竭的求生欲

被困在石头或岩石空隙中的动物，例如贝壳、蟾蜍或是蝾螈，能够无限期地存活吗？从许多可靠的报道中能得出一种结论：一些个体的强烈的求生欲超出了我们最大胆的想象。这听起来似乎相当不可思议。

关于这种现象的最早记录见于英国1761年版的《年度记录》。这本书包含了一些岩石中被发现的幸存的动物的报道，

石头中的青蛙。

岩层中发现的活青蛙现场示意图。

大多数是小型爬行动物和贝类。书中描述说，为了获得活的精美的贝壳，人们常常会打碎铺在土伦港口街道上的石头。地质学家博士 E.D. 卡拉克做了一个被科学界严肃对待的报告。1818 年 2 月，他在剑桥的凯厄斯学院所做的一次报告中谈到了一个难以置信的发掘物。这个发掘物是他不久前发现的。怀着发现丰富古生物化石的期望，克拉克博士帮他的朋友监督了一次在石灰岩断层中开展的发掘工作。在 82 米深的地方，工人偶然发现了含有石化了的海胆和蝾螈的岩层。克拉克挖出了其中 3 个石化了的动物，并把他们放在太阳下的一张纸上。让他惊讶的是，不久这些动物开始活动了。其中两个很快就死掉了，第三个被放入了附近的一个水塘里。它在水塘活跃地游动，后来逃离了水塘。

1865 年 4 月 8 日，《利兹水星》杂志报道，在哈特尔普尔[1]的自来水厂附近的一次发掘中人们发现了一只包在石头里的活蟾蜍。工头詹姆斯·耶尔和他的帮工们在一个岩块中发现了这只动物，这个岩块位于地表以下 8 米，离另外一条河 2.5 米远。像其他类似案例一样，这只蟾蜍

---

1. 英国沿海城市，位于英格兰东北部。

的身体印在了岩石里，石头像一个模子。它被解放时忽然就变得生机勃勃了。人们把它从岩石里拿出来的时候，它试着呼吸。显然这对它来说很困难，人们只听到了沙哑的"吼声"。这可能是因为它的嘴是闭着的，这个声音是从它的鼻子传出的。开始它像石灰岩一样苍白，后来变成了柔和的灰绿色。它又活了几天，然后死掉了。

英国博物学家威廉·霍伊特在其《超自然的历史》一书中提到了一个石头球体，长时间以来被用来装饰一个地主庄园的门柱。一天，它突然掉下来，裂开了，里面露出了一只活着的蟾蜍。1862年9月20日，一位名叫思伯特的先生在一封给《泰晤士报》的读者信中写道，他的妻子在砸碎一块煤时偶然发现了一只活着的青蛙。

关于这类"动物求生艺术家"的讨论一直持续到19世纪末期，并且导致了一些科学家的不和。后来这种学术爱好突然消失了，因为这种话题根本不符合传统世界观，传统世界观是无法容纳这种挑衅性的"疯狂想法"的。

1819 年
异常古怪的天气

21世纪的今天，许多卫星围绕着我们的星球运转，凭借它们的帮助人们至少可以比较精准地预报天气。几十年前情况不同，200年前这完全是不可能的。那时人们感到无助，任由反常天气摆布。然而，一些奇怪的现象真的是由异常的天气情况造成的吗？

1819年10月10日，一个昏暗得让人觉得不祥的早晨等待着加拿大蒙特利尔的居民。两天之前，一场猛烈的油性雨使这个城市被一层黑色的油膜覆盖。这天，云层最开始是暗绿色的，后来变成了墨色。看到浓密的云层时，人们相信又一场"油雨"将落到他们身上。然而，事情比想象的更加糟糕。这一天，神秘而又恐怖的雷雨天气侵袭了蒙特利尔。这种天气之前从来没有出现过，并且在这之后直到今天都没有再次发生过。

天色就像晚上一般，城市里所有路灯中午都还亮着。人们透过浓密的云层辨认太阳，它从深棕色变成了灰暗的黄色，然后变成了橘黄色，最后变成了恐怖的血红色。接近下午两点时，名符其实的"云山"堆聚在了蒙特利尔的上空。然后，一道非常刺眼的闪电划过天际，它几乎比太阳更能照亮天空。伴随这道闪电而来的雷声震裂了窗户的玻璃，整栋房屋都在颤抖。

然后像两天前一样，天空开始下雨了。受惊的居民看到强烈的闪电击中了法语区的教堂。雷电击中了铁十字架和教堂的顶部，十字架落到地上，摔碎了。蒙特利尔的居民第二天早上醒来时，晴朗的天空一片蓝色。只有摔碎了落在地上的教堂的十字架，提醒着人们前一天地狱一般的天气。

如上文所述，气象卫星围绕着地球运转，并且提前向我们报告热带风暴和其他的异常的天气现象。然而，如果这种地球末日般的场景再次出现，我们会像1819年10月10日的蒙特利尔的居民一样束手无策吗？

1820年
永不安宁的墓穴

事情发生在1820年4月18日，惨淡的灯光照进了刚刚被打开的查斯家的墓穴。带着隐藏在表情下的恐惧，一些人进入了这处长眠之所。多年以来，这个墓穴发生的怪事确实让这个家族的姓氏蒙羞。眼睛适应了漫射光后，他们再一次发现预感没有欺骗他们。这些棺材又一次像是被未知的力量混乱地叠放在一起，这太恐怖了。

查斯墓地外部。

让我们从头来看看整个事件吧。巴巴多斯岛是小安地列斯群岛中的一个东部岛屿，而小安地列斯群岛以"向风群岛"[1]而闻名。在那里的克里斯特彻奇市有一处墓地。墓地位于奥伊斯丁湾之上，里面有一个空了接近200年的墓穴。墓穴本身状况非常好，然而一个神秘的现象导致没有人再把死者安葬在这里。这个墓穴中，每一口被下葬的棺材都会在短时间内被一种神秘的力量推动或是弄翻。英国人的官方档案里记录了19世纪初发生在这个墓穴的事情。此外，精确的测量图、草图和有名可查的证人的宣誓书也都是有效的证据。

这个现象难以解释。是地震造成的吗？从2010年1月发生的毁灭性的地震可以看出这个地区也非常危险，然而那段时间这里只发生过轻微的地震，它们对墓地的墓穴没有什么影响。或许是洪水？然而这个墓地位置很高，而且其他的坟墓也没有受到洪水影响。这些难以置信的事

---

1. "向风群岛"指小安地列斯群岛北部的中南部岛群，是帆船时代欧洲横渡美洲航线上的重要岛屿，因属于顺风航线，故得名"向风群岛"。

查斯墓穴内部。

件的记录无懈可击，这些事件绝不可能是自然原因造成的。

这个墓穴始建于18世纪前半叶。和这片墓地的其他墓穴一样，这个墓穴的地基是岩石，地表部分由一堵石墙和一个作为盖子的沉重的石板组成，还有一块很重的石头作为密封板。每次葬礼后它都会被重新嵌入，把墓穴密封起来。

没人知道18世纪被埋在那里的人是谁。最后一个"有案可查的"被安葬在那里的人，是1807年6月30日被安葬的托马西娜·戈达德。后来，墓地转入查斯家之手。半年之后，1808年2月22日，他们家的第一个死者被安葬在了那里。她是玛丽·安·玛利亚，族长托马斯·查斯的女儿。1812年7月6日，为了安葬其妹妹朵佳斯的遗体，这个墓穴被再次打开。一切仍然是正常的，所有棺材都完好地放在原处。

但是一个月后，1812年8月9日，她们的父亲托马斯·查斯被安葬

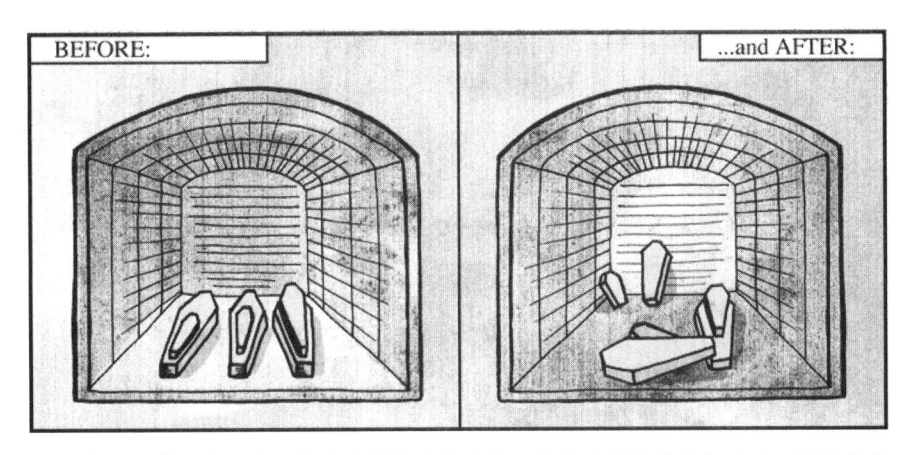

左图为墓穴密封前：棺材被整齐地摆放着；右图为墓穴再次打开时：棺材凌乱地放着。

时，所有参加葬礼的来宾都吓呆了。玛丽和朵佳斯的棺材不仅被挪动过，而且还被来回从一个角落推到另一个角落。看起来破坏者似乎很生气，然而密封用的石头没有任何被暴力入侵过的痕迹。棺材被放回原位，墓穴被再次密封，人们尝试忘记这件事情。醉酒的黑人墓地工人不得不充当"替罪羊"。

四年之后，萨莫埃尔·布鲁斯特·艾姆斯·查斯早夭。1816年9月25日，这个墓穴在家族成员在场的情况下被打开，除了1807年被埋葬的托马西娜·戈达德的棺材，其他所有的棺材都被挪动得乱七八糟。守墓人将一切收拾成其原有的样子。两个月后又一位家族成员被安葬时，墓穴里又是一片狼藉。这次，所有的棺材像被撞翻的保龄球瓶一样到处乱放着。

最终，政府感到有必要采取一些措施。英国籍市长康伯米尔勋爵，警方与司法代表和大量的群众非常关注此事。康伯米尔勋爵接管了调查工作，首先他让建筑工人和建筑师检查了墓穴。如开头所述，没有发现别的入口，入口的密封石总是被重新封好的。此外，水泥和封印都是完好无损的。这一次市长不仅命人把棺材放回原位，而且还让他们在地面上撒了一层细沙。墓穴被再次封上前，绘图员还制作了精确的草图，记录了每一口棺材的摆放位置。最后市长亲眼看到工人重新密封了墓穴。

再后来,命中注定的 1820 年 4 月 18 日到来了。在前一天晚上,散步的人听到了从那块墓地传来的模糊的声音。勋爵康伯米尔召集了教会代表、士兵、泥瓦匠和建筑师一起赶往事发地点,背包里装着他们几个月前画好的草图。在查斯家族在场的情况下,墓穴在封印完整的情况下被打开。

当在场的人的眼睛适应了漫射光时,他们确定细沙上既没有脚印又没有棺材被挪动的痕迹。但是这些棺材交错地堆在一起,其中的一些甚至头朝下竖着靠在墙上。这怎么可能呢?谁对被埋在这里的人如此不敬并且如此大肆破坏?时至今日也没有人能够给出一个令人信服的答案。精疲力竭的查斯家族放弃了与这个古怪现象力量悬殊而无意义的斗争,他们将棺材运送到了另外一个墓穴。从那时起一切都恢复了平静——那个被骚扰的地方一直空着,未被使用。

这样的现象不仅发生在巴巴多斯岛上。我会在后面的章节写到一个类似的发生在萨列马岛上的事件。

1821 年
唯一一块裸露的土地

蒙哥马利是威尔士的韦斯普南边的一座小城。在 1974 年蒙哥马利郡并入波伊斯郡前,它是曾经的蒙哥马利郡的主要城镇。那里的镇上的墓地里有一块光秃的土地,上面寸草不生。这块寸草不生的土地和一个非常悲哀的故事有关,并且这个故事让我们想起主人公死后起作用的力量。

1821 年,一个名叫约翰·戴维斯的英格兰裔的农业工人,被一个威尔士的法庭判处绞刑。戴维斯被指控在去往蒙哥马利镇的路上袭击了两

约翰·戴维斯的坟墓，在当地又被称为"抢劫犯之墓"。

个人，并抢劫了他们。戴维斯提出了抗议，他为自己辩护说这两个原告为了抢走他的钱包袭击了他，所以发生了搏斗，在过程中他被打晕了，在这种情况下那两个人将他拖到了镇里并且起诉了他。

事实上原告的名声很差，但是约翰·戴维斯是英格兰人，特别不受威尔士人待见。双方的陈述是矛盾的，现场也没有其他的证人。因此被判有罪是不可避免的，并且最终的判决是绞刑。

约翰·戴维斯登上绞刑架时，他再次宣称他是清白的："我是清白的。我死前只有一个请求，上帝会让我的坟墓上永远不长任何草，并以此证明我的清白。"他说完之后，刽子手把绳子放在了他的脖子上，然后按动按钮，他脚下的活板打开了。

约翰·戴维斯被埋葬在蒙哥马利镇墓地的一个小角落。他的坟墓很快地显示出了与其他坟墓的不同之处。其他的坟墓上都长满了青草，他的墓地只是一块六边形的裸露的土地。这个奇闻很快便流传开来，并且附近很多好奇的人来到了这里，他们非常惊讶在青葱的墓地里有这么一块丑陋的光秃的土地。"墓地观光"立刻就成为了当地政府的眼中钉，他们想防止罪犯的墓地变成某种"圣地",显然他们认定的罪犯被判处绞刑必须是合法的。因此某位园丁接到了指示,他把这块地方仔细地用草坪遮盖起来。但是尽管草坪总是浇了很多水,草还是很快就干枯了。后来人们彻底地翻松了土壤,种上新的草,但那里还是寸草不生。

19世纪和20世纪之交时,这个墓地必须为两条街的扩建和新建腾出空间。土壤被运来了,地基被垫高了60厘米,新的道路被开辟,园丁到处撒下草种,设法让整块墓地在最短的时间内变成一块漂亮的草地。然而只有约翰·戴维斯的墓地还是一块六边形的光秃的土地,无论如何都寸草不生。人们更换了土壤,并且充分地施了肥料,最后甚至在上面种了玫瑰,但是一切都是徒劳:所有植物都枯萎了,风雨之后,那里除了裸露的黑色的土壤外什么都没有。镇政府以大自然的情绪为理由而放弃了,人们在约翰·戴维斯的墓地上立了一个铁栅栏,使这块光秃的土地不再那么引人注意。甚至到今天这个栅栏里还是什么植物都不长。约翰·戴维斯真的是蒙冤而死的吗?

1822年
看到了"自己"坟墓的孩子

1822年1月6日,小海因里希·施利曼出生在德国梅克伦堡州新布科镇的一个教士的家中。这个男孩后来成为了世界闻名的传奇考古学遗址的发掘者。他发现了迈锡尼[1]的井墓,断定了传说中特洛伊城的真正遗址。在他之前的众多古代文化研究者都在徒劳地寻找这个遗址。

紧靠这个教士住宅的是一片墓地,这在小镇上非常普遍。出入这栋

---

1. 迈锡尼城遗址位于伯罗奔尼撒半岛。迈锡尼文明为古希腊青铜时代晚期文明,包括荷马史诗在内的大多数古希腊文学及神话的历史设定皆为该时期。

住宅的人都必须经过这片墓地。海因里希的父亲是新教教士恩斯特·施利曼。后来，他被安排到梅克伦堡州的另外一个教区安克尔斯哈根镇。在那里，墓地同样紧挨着他们的住宅。海因里希在这两处度过了对他有决定性意义的童年。这个男孩从小就频繁地接触镇上的人，积累了很多关于死亡、坟墓和墓碑的经验。对这个正在成长的男孩来说，世界上的谜题多得数不完，然而他却无法研究他童年最大的谜题。在他去世很久之后，人们才稍微了解了这个秘密。

海因里希·施利曼（1822—1890）。

海因里希取得了卓越的成就，许多人试图寻找他成功的决定性原因，但是都没有什么结果。直到德国精神分析学家威廉·G. 尼德兰发现了一些蛛丝马迹。尼德兰1961年在雅典探访了吉纳蒂乌斯图书馆。那里有6万封信、18本日记和数千份其他文件——全部都是海因里希·施利曼的。尼德兰研究了每一行文字，他发现了这位古代文化研究者与活着的后人交谈的可能，同时他也发现了一个神秘事件的征兆。

青年时的海因里希一部分业余时间是在新布科镇的墓地度过的。如上文所述，这个墓地紧靠他父母的房子，而且那里还埋葬着一个海因里希·施利曼。他死去的时候，我们提到的海因里希·施利曼才3个月大。他是考古学家海因里希·施利曼的哥哥，死于1822年3月。他的父母在他的墓碑上刻下："在此悼念我们心爱的儿子——海因里希·施利曼。"

我们的海因里希·施利曼是在1822年1月出生的。为什么父母给两个孩子起了同样的名字，这实在难以解释。是可怕的预感引导了他们吗？直到今天这还是一个谜。海因里希来到他死去的哥哥坟墓前，看到自己的名字被刻在墓碑上，这个谜一定对活着的海因里希产生了强烈的震动。

威廉·G. 尼德兰想在这位伟大的古代文化研究者的书面记录里找到更进一步的暗示："这一定是他的青年时代最吓人的秘密之一。显然他自己也从未确定自己是坟墓里死了的海因里希还是坟墓外活着的海因里希。20岁时他描写了一次短暂的对他死去的哥哥坟墓的拜访，内容如下：'……查看了小海因里希的坟墓后，我们继续了前往有三座钟楼的维斯玛的旅行，在那里我也给牧师哈格寄了一封信……尽管他和他的夫人万分热情地接待了他们从前忠诚的学生，但是他们两人还是看不厌，小海因里希已经长成了一个瘦高的人……'"

心理学家通常将个人早期的直观的经历看作创伤性的改变，它会影响个人今后的全部生活。人们研究施利曼的记录时会发现，他在新布科的经历就像一条几乎贯穿他的一生的红线一样，好像一个创造性的进程被启动了。他是一个受探寻真相的渴望所驱使的人才。

1823 年
幽灵岛

地球表面大约70%的面积被水所覆盖，并且现在还有很多海域只有少数人知道。所谓的"我们脚下固定的地面"由于地质构造力量的影响不断地改变。山变高，而后又被侵蚀，大陆改变它的面貌。这一切通常是在几十万或是几百万年的过程中发生的，以至于一切对于我们来说都悄然无声。除非是发生地震或是海啸，几个小时内整个沿海地区的面貌就改变了。

从数百年前开始，位于大洋深处的岛屿就捉弄着水手和绘图员。岛屿被发现，被记录，然后被绘入地图集。然而有的岛屿在船下次经过时却不见了。说起这种海洋上的"捉迷藏游戏"，布韦岛是一个典型例子。

这个现在属于挪威的岛屿在1739年第一次被发现，发现它的人是第一个南极研究者让·巴蒂斯特·查尔斯·布维·德·罗奇。它位于好望角西南1500海里，绝大部分被冰川覆盖。

詹姆斯·库克船长和他同船的英籍探险者福尔诺从1772年至1775年一直寻找它无果，直到3年后捕鲸船斯普莱特利号和莱福利号才靠近了它。1843年和1845年，英国海军想检查这个岛屿是否存在时，它再一次消失了。根据航运管理机构的命令，它又一次从地图上被删掉。

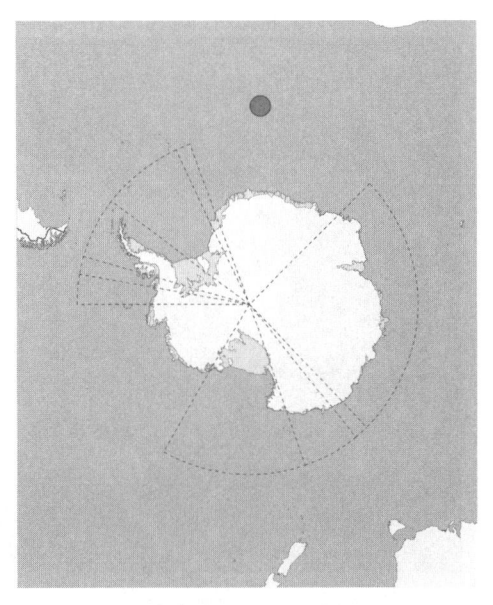

布韦岛地理位置（圆圈处）。

此后直到1882年，布韦岛才再次被发现。又过了一段时间，1898年，德国的海洋学研究船瓦尔迪维亚号测定了它的方位。1917年，在第一次世界大战中，布韦岛的正确位置终于被绘制在了海洋地图上。

南太平洋上还存在着许多"幽灵岛"。例如亨特岛，它是无边无际的太平洋之中的一块弹丸之地，是逃离文明的理想去处。多那·卡梅丽塔号的亨特船长在1823年发现了这个岛屿，并且确定它的位置是北纬15°31′，西经176°11′。这位船长报告那里住着开化了的波利尼西亚人，但是盛行一种奇怪的风俗：人们要把左手的小指削至第二个指节。他补充道，这片土地太可怕了，然而那里有椰子树和面包果树。亨特本应待在这个南太平洋的天堂，因为在他之后的其他水手都没有再次发现这个岛屿。

19世纪初，一艘美国捕鲸船在来自楠塔基特岛的斯温船长的指挥下偶然发现了一个位于合恩角西南1800海里处的岛屿。这个岛屿大约长

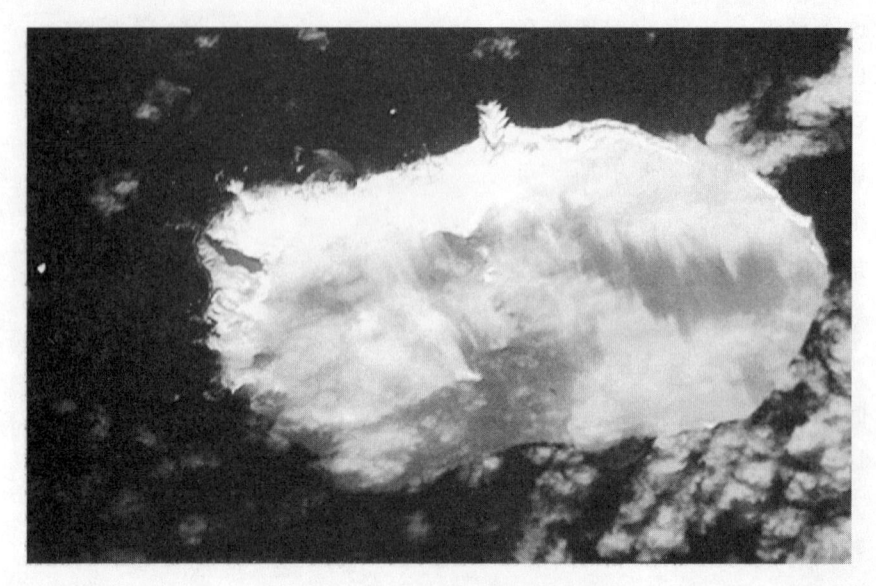

NASA从太空拍摄的布韦岛照片。

8海里，宽3海里，最高处大约20—25米高。数百头海豹和大批海鸟聚居在这个被冰雪覆盖的岛屿上。船长加德纳和梅西在多年后也到达了这个岛屿，这个岛屿现在被称为多尔蒂岛。根据梅西的说法，该岛周围的海水是黑色的，并且含有大量的大叶藻，他没有尝试将船停靠在这个岛附近。

1830年，两艘美国船寻找多尔蒂岛无果。11年后，捕鲸船詹姆斯·斯图尔德号又从该岛旁边300米的地方经过。船长测定其方位是南纬59°20'，西经120°20'。在这次测量后，多尔蒂岛被固定地绘制在了海洋图上。船长惠斯顿和斯坦纳德也分别在1886年和1890年看到了这个岛。来自新西兰的船长怀特1893年乘帆船环绕它航行，岛屿的位置和之前的航海家测定的位置完全一致。后来，这个岛屿突然消失了。南极研究者罗伯特·斯科特检验了这个由许多水手给出的方位。曾经有7艘船报告那里是土地，但是他用铅锤测出该处的深度是2 588英寻[1]——

---

1. 英寻（fathom），海洋测量中的深度单位，1英寻=2码=6英尺=72英寸=1.8288米。

布韦岛一角。

深度超过了 4 700 米。

　　1858 年,美国政府宣称南太平洋上的 10 多个岛屿是美国领土。1856 年的一部关于土地兼并法律允许了美国政府的这一行为。尽管法律可以容忍这些在列的岛屿不总出现在太平洋海面上,但是谁能够确定在远离货船和客船航线的地方没有岛屿等待着被发现呢?

1824 年
月亮上发生了什么?

　　几百年来,著名的天文学家们观察着月亮上的神秘现象,这些现象本不该存在。事实上,我们的卫星月球通常被当作"死的天体",那里

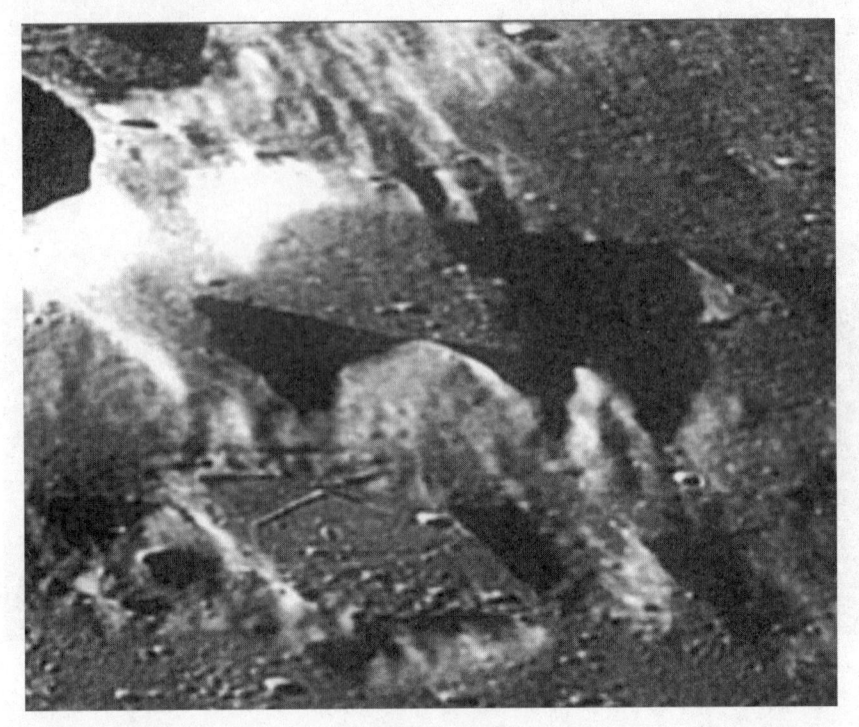

"月球废墟"照片。

没有任何生命，只存在不多的明显的地质运动。这与无数的关于闪烁的"月光"的报道相矛盾，甚至也与被观测到的奇特现象相矛盾。

尽管有些多余，需要提到的是，学者对于这个谜没有形成一致看法，大多数学者对此保持缄默。然而，有学者推测，这是火山运动或是由于气体喷发而产生的"尘埃的光反射"。难道真如同天文学家希望我们相信的那样，月亮的确是一个毫无生机的天体吗？让我们冒着风险来看一些有可靠文献为依据的关于无法解释的月球的光现象的报道，或许月亮上的一切与我们所相信的略有区别。

1824年10月20日，德国天文学家格鲁伊图伊森在月球未被太阳照射到的一面观察到了一束脉冲光。早在1821年6月，他就观测到了位于我们的卫星表面的一系列闪烁的光。一年之后，他甚至看到了一座城市的废墟。尽管这最终被证实是一个错误，但是在月球地图上的那个相应的位置今天还叫作"格鲁伊图伊森市"。

早在 17 和 18 世纪,这类奇异的事情就经常被观测到,但是在 19 世纪好戏才刚刚上演。1825 年 1 月 22 日,英国海军军官们将战舰克罗内森号停在暹罗湾(今泰国湾),他们看到阿里斯塔克斯环形山上有一束强光。1843 年,德国天文学家约翰·施罗特在很长一段时间内制作了大量详细的月球地图。施罗特看到了林奈环形山无法解释的变化:当时林奈环形山的直径大约 8 公里。让我们回到 20 世纪,阿波罗 15 号的记录显示这个环形山的直径只有两公里。月亮上发生了什么?

月球上最神秘的地点之一是危海,它与下列的现象有关:1881 年 5 月 8 日,天文学家威廉姆斯在那里观测到了接近一千个闪光点。20 世纪 50 年代,危海也在科学界引起了轰动,导致了一些离奇的推测。因为无论是美国天文学家还是俄罗斯天文学家,都看到了一个巨大的桥梁结构。对于我们地球的卫星来说,这个建筑物确实非同寻常。它的长度估计有 20 公里,并且后来它在某种程度上可以说又消失于无形了。

不得不又一次说到 20 世纪最后三分之一的时间里人类的阿波罗月球计划。难道是因为已经有别的物种在月亮上定居很久了,所以人类对宇宙中距离最近的天体的载人勘探被终止并且不再进行了吗?

1825 年
闪电在人体上画图

在生活中,有时候人们被毫无征兆的雷雨所困而被迫停留在危险区域。人们一定知道这种自然现象隐藏着无穷的力量。雷雨最盛时,闪电几乎会毫无间歇地从天而降并伴随着震耳欲聋的雷声,使遭遇雷雨天气的人恐惧万分。这种现象完全正常,每年因雷击身亡的人很多。强烈建议您在这种情况下远离树木。古老的民间智慧"人们应该避开橡树,寻找山毛榉树"已经被证明是错误的。闪电非常危险，它的危险程度难以估量。此外，它还有非常奇异的作用。

遭雷击的人身上出现的最神秘的现象之一是闪电会把电流之前穿过的物体的形象烙在人的皮肤上，仿佛闪电用自己的智慧记住了这个结构，并且把它文在了死者身上。在树下躲避雷雨的人被闪电击中时，他们身上被印上了树叶的图案。

最怪异的事件之一发生在1825年。在海上，一个水手站在桅杆下被闪电击中了。当医生检查其尸体时，发现了一个细长的烙印，从他的脖子一直延伸到尾椎骨，在盆骨的区域有一个被烙上的马掌的图案。当时，那道闪电首先穿过了被钉在桅杆上当作吉祥物的马掌，这个烙印正准确地描摹了那枚马掌。另外，一些被闪电击中后勉强活下来的人似乎具备了对天空的放电现象的特殊吸引力。在一战期间，英国上校萨摩菲尔德在法兰德斯的战场上被闪电击中了。他被战马甩了出去，臀部以下瘫痪了。提前退伍后他移民到了加拿大，此后他把时间全部用于钓鱼。1924年，他和另外3个朋友一起去钓鱼，他们在一棵树下躲雨时一道闪电击中了这棵树，同时上校身体的右侧瘫痪了。1930年他第三次被雷击中，这次他全身瘫痪，两年后去世了。

但相反的事件也有可能发生。法国天文学家卡米伊·弗拉马利翁（1842—1925）记述了一位19世纪的女士的命运，她38岁就瘫痪了。有一天，一道闪电从她身边擦过，她就突然又可以行走了。

球形闪电的秘密更加奇异。直到不久前，关于它是否存在的问题还在科学家间颇有争议。它们通常不一定伴随雷雨天气出现，好像是凭空产生的，人们靠近它们时似乎并不危险。人们从文献中得知了一例事件，在这起事件中，一个好奇的孩子一只脚踏进了球形闪电，接着发生了爆炸。爆炸造成11个孩子死亡，这个冒失的孩子和另外一个孩子一起被摔在了地上。

人们常常无法摆脱这样的印象，似乎有个难以捉摸的智慧生物在操纵球形闪电这种现象，特别是当一个行动好像有明显的目标时。比如镜子和其他易碎的物品被完好无损地在空中传送，装满的墨水瓶被倒空，人们被脱得一丝不挂。在一个很不寻常的事件中，一个女孩的阴毛被烧焦了，但她没有受到更多的伤害。从一个神秘现象的角度来说，这非常滑稽；从科学的角度来说，这被认为是无稽之谈或根本不可能。

1826 年
阴间的指示

坎贝尔顿曾是连接澳大利亚的港口城市悉尼和南边市郊的铁路线的终点站，今天已经发展成了一座小城市。大约 190 年前，这里发生了一个不可思议的故事。这个故事里，贪婪、谋杀以及迟到的正义扮演了主要角色。

1826 年 6 月 26 日，农民费雷德里克·费舍尔跟跟跄跄地从坎贝尔顿的一个小酒吧里走出来时已经完全喝醉了。他经历了一段放荡的生活，

费舍尔的鬼魂坐在栏杆上显灵。

这段生活导致他被关在监狱里很长一段时间。后来他走上了"正确的道路",成了一个努力工作的农民。几个月之前,他还因高额的债务而坐牢。坐牢期间,他把自己所有的财产委托给了以前的狱友乔治·沃罗。

那天,费舍尔从酒吧出来后就突然消失得无影无踪,并且沃罗也躲了起来。那里的人们变得互相猜忌。警察盘问了沃罗,这个有前科的人声称费舍尔和一个名叫维森特的女士乘帆船去了英国。虽然没人相信他说的话,但是由于没有发现尸体,警察不得不让他离开。警方悬赏100澳大利亚镑征集与弗雷德里克·费舍尔或是与他的尸体有关的线索。

沃罗第二次被审讯时还声称可能是费舍尔的四个朋友杀了他。但是,这份供词无法让警方信服,他们逮捕了他。然而尸体还是没有被找到,这个有严重嫌疑的人离开时他们依旧无计可施。

整个故事经历了数个月之久,一个很明显的杀人犯可以逍遥法外,警方和民众产生了巨大的挫败感。一天晚上,坎贝尔顿地区为人熟知并受人尊敬的农民詹姆斯·法利偶然经过费舍尔的农舍。他看到一个可怕的身影坐在栏杆上,伸手向前指着费舍尔的花园里的一个地方。法利深信自己看到了鬼,立刻转身跑到警察局,向警官纽兰讲述了他的经历。由于他给这位警官留下了非常清晰的印象,这位警官第二天白天和一个土著纤夫一起去了费舍尔的农场。他们很快在栏杆上找到了血迹,然后开始挖掘那个身影所指的花园的那个位置。费舍尔被打得面目全非的尸体出现了。对失踪者长时间的搜寻以悲剧结尾,一切最终大白于天下。

乔治·沃罗被法庭判决对弗雷德里克·费舍尔的死负责,并最终被绞死。也许,是被他谋杀的朋友的灵魂证明了他有罪,并以这样的方式伸张了正义?通过"阴间的指示"来伸张正义,这再一次成功地结束了警察的工作。

1827 年
约瑟夫·史密斯的故事

约瑟夫·史密斯（1805—1844）出生于苏格兰移民家庭，他是家中八个孩子中的一个。他十几岁时，一个夜晚的经历改变了他的一生。当晚，约瑟夫在他的简陋的小黑屋里做晚间祈祷时，他的房间突然被照亮了。从明亮的光里走出来一个穿着白色长袍的人，他告诉这个男孩他是信使神摩罗尼，他有神奇的事情要告诉他。一本刻在金片上的书被保存在距离史密斯家不远的一个藏匿处。这本书包含了关于北美洲先民及其来源的完整信息。这些金片与一块护胸甲藏在一起，护胸甲上固定着两块"翻译石"，分别叫作"乌陵"和"土明"[1]。它们是用来翻译这些古老的文字的工具。他告诉约瑟夫·史密斯，他被选中来翻译并公布这些

信使神摩罗尼托梦给约瑟夫·史密斯。

---

1. 乌陵和土明最早出自《旧约》，是古代希伯来人遇到问题和困难时用来显示上帝旨意的一种预言媒介。乌陵与土明在摩门教中扮演着重要角色，约瑟夫·史密斯声称曾使用过它们并根据它们翻译了摩门经。

乌陵及土明、护胸甲和金片书。

古老文字的一部分。随后信使神摩罗尼就消失了。然而，他在同一天晚上找了约瑟夫两次，告诉他圣器被埋在一个叫作"克莫拉"的小山上。他严厉地警告这个男孩，不许把秘密泄露给被预先选定的人之外的人。

这座名叫克莫拉的小山位于纽约州巴尔米亚的南边，一个叫作曼彻斯特的地方。第二天，约瑟夫·史密斯去那里查看时，他确实在这座小山山顶的隐秘处发现了信使神摩罗尼告诉他的物品。

"那些金片被保存在一个石质的盒子里，被一块相当大的石头压在下面……我清理了土壤，抓住石头的边沿费力地举起来。我向里面看，和信使神所说的一样，我确实看到了那些金片、乌陵及土明和那块护胸甲。石头盆子是用某种水泥固定在一起的。盒子底部横放着两块石头，石头上面放着这些金片和其他东西。"

约瑟夫伸出双手去拿这些东西的时候感觉自己被重重地打了一下。同样的事情又发生了两次，直到他像瘫痪了一样躺在地上。这时，他看到了昨晚的信使神摩罗尼。他命令约瑟夫从现在起每年的这一天都要来这里，时机成熟时他就会得到这些圣器。

四年之后，时机成熟了。1827年9月22日，信使神摩罗尼把写着文字的金片和发光的翻译石乌陵及土明交给了约瑟夫·史密斯。摩罗尼叮嘱这个22岁的年轻人，如果他不小心弄丢了这些宝贝要承担责任。他同样清楚地告诉他，有一天他会来索回这些东西。

在约瑟夫用这些"石头"翻译这些金片 21 个月之后，信使神的确要回了这些借给约瑟夫的物品。在这段时间里，一些受人尊敬的人相信了刻着文字的金片的存在。奥利佛·考德里、大卫·维特莫和马丁·哈里斯起草了一个声明，他们在声明中发誓亲眼看到了每一个金片和其上雕刻的文字。两天之后，约瑟夫在光天化日之下又将这些物品展示给另外 8 个证人看，其中还有他的父亲。所有的人都被允许用手拿着这本由薄的发光的金片组成的书，并且可以浏览其内容。每一页都像是活页本中的一页，它们是由三个环固定在一起的。书宽 15 厘米，长 20 厘米，厚 15 厘米。三分之一的金箔轻松翻动，而另外三分之二似乎粘在一起了，像一块石头似的。

把刻着字的金片还给摩罗尼之前，约瑟夫·史密斯制作了自己的复本。科学家后来把它分类为"改良的埃及象形文字"。约瑟夫·史密斯翻译的这些金片后来成为了《摩门书》，今天它是全世界超过 500 万摩门教徒的"圣经"。事实上，之前提到的所有证人都从未皈依这个教派，他们的声明让《摩门书》更加可信。后来，他们中的两个人甚至成为了这个教派创始人的顽强的敌人。然而他们中没有任何人废除过其声明或是限制过其声明的适用范围。

这些变成了《摩门书》的金片讲述了两支以色列人迁出埃及——在哥伦布之前很多年——到达了"新世界"。首先是耶锐代特人，他们在巴别塔时代——公元前 18 至前 16 世纪之间，祈求他们的神把他们从动乱中拯救出来。神让他们建造了 8 艘能在水里航行的船。船建好后有一些结构问题，其中之一是船里像洞穴一样黑暗。这时"神"给予了他们帮助，他慷慨地给了他们 10 块"发光的石头"，能在 344 天的连续航行中带来光明。同时他给了他们一个罗盘，但它在 3 600 年前还没有名字，因为它是中国人在 2 000 年前首先发明的。

第二支来到美洲的是尼菲特人。据《摩门书》记载，时间为公元前 589 年。

无论如何，计划和执行都是在一个有才智的人的领导和监督下进行的，他在宗教的文脉中能与旧约中的耶和华相提并论，他给予移民们帮助。这件事与当时的技术是矛盾的，它与早已被人们所接受的关于宗教故事的老看法完全不同。当我们把这里的"神"的概念替换为"可能存在的外星智慧生物的代表"时，距离揭开尚未解开的谜团就更近了一步。

1828 年
向西北转舵

19 世纪前半叶还是快速帆船在公海航行的鼎盛时期。仅几十年后，不受风力影响的轮船就宣告了它们的没落。1828 年，时年 30 岁的苏格兰水手罗伯特·布鲁斯乘坐了一艘从利物浦去加拿大的新布伦瑞克的商业帆船。

罗伯特·布鲁斯的船舱在船长的船舱旁边。当他在自己船舱忙着计算航线时，这艘船已经离新大陆的海岸不远了。因为他计算不清楚航线，他看到船长在自己的船舱里埋头写字，就对船长喊："您是怎么找到它的？"

船长没有回答他的问题，于是他走了过去。当他站在船长面前时，船长抬起了头，布鲁斯看到了一张完全陌生的脸。他惊恐地跑到甲板上，然后向船长报告。他和船长匆忙地跑下来，船长的船舱空无一人，而船长的石质写字板上写着："向西北转舵。"是谁留下了这条神秘信息的呢？在那个年代，精通读写的水手非常罕见，只有很少的人需要被验证笔迹。然而没有一个人的笔迹和写字板上的相似。根据直觉，船长决定将船转向西北方向行驶。因为他们的时间还很多，并且多走几个小时的冤枉路也不会影响他们的计划。很快一艘结了冰的船的残体就进入了视野。

那是一艘三桅船，在去魁北克的航线上遭遇了海难。乘客和全体船员正处于极度危险之中。出事的船只上的人员被一个接一个地转移到商船的甲板上。布鲁斯突然觉得他看到了一张脸：在被救起的人中有一个水手，这个人和他在船长的船舱里看到的写字的人极度相似。后来，他的船长要求这个陌生人在他的写字板的背面写上"向西北转舵"。当写字板被转过来时一切都清楚了：他的笔迹和正面的笔记是一致的。遭遇海难的那艘船的船长这时说，写这个消息的人中午睡得很沉，他醒来时说过："我们今天会得救的。"他梦到自己在另外一艘船的甲板上。当这艘船后来真的到来时，每个人都意识到他的描述是准确的。并且那个写字的水手表示他认出了商船上的一切，因为他的"梦"非常清晰，就和现实中发生的一切毫无偏差。

1829 年
美人鱼号的迷航

如果上一个神奇的海难援救的故事听起来已经非常难以置信了，那么接下来这个故事中所讲述的"有意的巧合"可能已经超出了我们能够理解的范围。这个故事唯一的荒唐之处在于它真的如描述的那样发生了。

1829年，美人鱼号帆船在澳大利亚的东海岸遭遇了可怕的雷雨天气，并且撞上一块暗礁，船身碎了。水手和乘客勇敢地跳进海浪中，并且安然无恙地重新聚集在了一个海滩地带。他们唯一能挽救的就是自己的生命，但是还有更多事情等着他们，甚至比他们之前敢于期望的还要多。

两天后，三桅船斯威夫特舒尔号的瞭望塔上的人看到了这群遭遇海难的人。看起来他们的救星来了。然而五天之后，一股未知的洋流把帆船冲到了一处暗礁上。没有人受伤或死亡，但是斯威夫特舒尔号被损坏了。在第二艘船沉没后几个小时，帆船加文拿雷迪号的船员看到了发生的一切。他们减速航行并且救起了所有人。

这次幸运却没能持续多久。六个小时之后，甲板上由于不明原因起

美人鱼号。

火了。水手们绝望地与大火作斗争。但是斗争是徒劳的：所有人必须转移到救生船上。既远离通常的航线，又不在海岸的视线范围内，他们几乎放弃了获救的希望。然而希望还是出现了。沿海贸易船科密特号因为雷雨天气偏离了航线，在附近逆风航行，并且救起了三艘失事船只上的人员。当被救起的人们在科密特号的甲板上讲述自己的故事时，所有的人都不寒而栗。甲板上有一个"乔纳斯[1]"吗？无情的大洋真的不惜一切代价要抓住他吗？还会发生什么呢？

在海上又航行了五天后，这个问题有了答案。之前使科密特号偏离了航线的飓风又加强了，船的主桅断了，摔到了甲板上。船身被砸裂了，

---

1. 乔纳斯，即约拿。在西方，约拿是水手间广为流传的古老迷信之一，指给整艘船带来厄运的人，其原型即圣经中的约拿。约拿是《旧约》中的十二小先知之一。据《约拿书》记载，约拿违背了上帝的旨意，使所乘的船遭遇暴风雨，水手们把约拿扔进海中平息风浪，约拿被上帝派来的大鱼吞噬，在鱼腹中待了三天三夜。

加文拿雷迪号不幸沉没。

海水灌入船舱。这时出人意料的事情发生了：迷信的水手们把唯一的救生船留给了他们自己，之前三艘出事船只上被救的人只能自力更生。

奇迹般的事情又一次发生了，这次也没有人员伤亡。匆忙拼凑在一起的木筏和救生船在鲨鱼经常出没的大海里漂流了一天一夜。他们被另外一艘帆船丘比特号从汹涌的波涛中捞了上来。

两天之后，丘比特号也在暗礁上撞毁了。幸运的是轮船利兹城号就在他们附近。它及时到来并救起了一百多个遭遇海难的人。虽然遭受了戏剧性的事件，但是所有的人情绪都很好。船上的医生在给一位上了年纪的女士看病，她几天以来都非常需要他的照顾。她的名字是萨拉·瑞奇利，她非常想去澳大利亚找她失踪了十年的儿子彼得。

在这次航行中，这位老人病得很重，以至于船上的医生考虑到了最糟糕的情况。在神志不清时，她要求再次见到自己的儿子。医生想让她的最后几个小时好过一些，于是他在甲板上找到了一个外貌和年纪与她的儿子相仿的年轻人。瑞奇利太太在去澳大利亚的航程中描述过儿子的长相。幸运的是，很快一个男人主动表示愿意扮演她失踪的儿子，他经历了从美人鱼号开始的难以置信的一系列沉船事件。

医生给了他一些指示,用老人的姓氏称呼他,告诉他老人来自约克郡。这个年轻人突然变得脸色苍白,结结巴巴地说自己就是彼得·瑞奇利,这位老人是他的妈妈。

结果瑞奇利太太非常愉快,迅速地恢复了。医生无意之中为她找到了正确的医疗手段。这位老人乘坐一艘轮船去往一个不确定的地方,为了把儿子带到这艘船上,造成了史无前例的五次沉船,称得上是独一无二。这是一股神秘力量才能完成的杰出使命,在一片混乱的状况中担负起难以捉摸的重任。

1830 年
和圣母的交谈

与天主教派的神圣的玛利亚相遇的故事贯穿了西方基督教国家的历史。许多朝圣地的存在要归功于这类现象。这类现象几乎总是发生在孩子、青少年或是被宗教神化的同时代的人身上,而且他们中大多数是女性。

1830 年 7 月 6 日晚上 23 点 30 分,巴黎慈善修女会组织的研习班的成员凯瑟琳·拉伯雷被一个声音唤醒了。那是一个被光环绕的,长着人脸的天使,

凯瑟琳·拉伯雷(1806—1876)。

图为1830年圣母玛利亚显灵圣牌。

在《旧约》中被描述为在耶和华周围的神话中的生物。后来这位天使陪着她去了小教堂，圣母在那里等待和她交谈。

这次对话持续了两个小时。刚开始时，凯瑟琳听到了丝绸簌簌作响，并且看到一个非常美丽的女人坐在布道坛边的圣坛阶梯上的一个沙发椅上。她描述这个女士"和圣安娜完全一样，但是她的脸和圣安娜的脸不一样"。这个形象在体态和其他细节上与挂在小教堂另一侧的圣像一样。因此，凯瑟琳相信她看到了圣母。这个形象提醒了她两次，直到她相信这次谈话与圣母有关。

或许这真的只是圣安娜的一个幻象。但是，在1830年11月27日，她又看到了一个发光的三维的玛利亚的画像，它的头上有星星相伴，身体被圣光环绕，她端坐在地球之上。圣母稍微动了一下，选择了一个引人注目的姿势，并且一直保持这个姿势。然后一个椭圆形的框围绕在了这个场景的外面，这个框上出现了几句话。之后，这幅画开始沿着垂直方向转动，并且凯瑟琳在椭圆形的框的背面看到了耶稣和玛利亚的心。

最后，这个幻象给了她一个任务，要她把这个场景铸造成圆形的显灵圣牌。这种显灵圣牌后来变得非常流行，数百万枚这种显灵圣牌被制作和卖出。

在某种程度上，玛利亚显灵的形式让我想到了我们这个时代的一种非常现代的技术：全息摄影。谁敢说这不是来自另一个世界的陌生的智慧生物以这种方式和人类取得了联系？它是下意识地使用了一种能和我们发达的技术相比的技术，并且将这个场景显示出来吗？因为只建立在画面基础上的接触，能够从一开始就排除陌生文化之间的理解困难。

1831 年
天上下硬币

在超自然现象的研究中，人们将"物体显形"这个概念理解为超自然的物体运输，特别是其他具体的物体，比如一面墙壁，被毫发无损地传送。这种事情总是和所谓的骚灵[1]显灵联系在一起。它可能导致受影响的人遭受各异的物体的"空袭"。通常石头会被作为"子弹"，但是偶尔也会有值钱的东西被当作"子弹"。

1831 年，一系列令人吃惊的天降"金雨"的事件结束了，金雨"骚扰"了加拿大安大略省巴尔登的约翰·麦克唐纳德的农庄长达三年之久。其中一次，他甚至确定了这些钱币来自哪里。小商贩帕特里克·托宾在麦克唐纳德家过夜。他穿衣服时确定钱包里的 20 个半美元硬币消失了。稍后当他坐在农场主家的早餐桌边时，他的硬币中的 19 个在窗

---

1. 骚灵，在德文里意指"吵闹的灵魂"，亦可译作"喧闹鬼"。举凡一切暴力且具有破坏性的灵异事件，往往被认为是骚灵或喧闹鬼所造成，是一种超自然现象。

玻璃上噼啪作响，并且后来以无法解释的方式穿窗而入，硬币一个接一个地落在他的盘子里，只是第20个硬币还是没有踪影。

大约100年之后，女教师H.柯恩报告了类似的事件。她和她的妹妹生活在印度浦那的一个家庭里。在1928年和1929年，这两位女士在那里多次看到了金币掉入封闭的房间里。她们说："最开始，我们并没有每次都看到空中的硬币，只是听到它们掉落的声音。我们被掉落在地板上的金币吓到了，但是后来我们更仔细地观察它们，并且的确看到了钱是如何出现在空中的。"

心理学家今天得知，由于精神非常紧张，青春期前和处于青春期的青少年常常能够引起这类现象。然而，他们以什么样的方式引起这类现象，他们的无意识的神秘力量能够开启什么样的神秘的进程，现在依旧没有答案。

1832年
商博良和他的前生

我们所有人都只能在这个世界上生活一次，还是我们也有前世？在所谓的转生学研究中，总有案例让我们惊讶。它们似乎暗示一次或多次的前生确实存在。例如著名的法国埃及学家让·弗朗索瓦·商博良，在1832年去世时将一个秘密带入了坟墓。

1790年12月23日让·弗朗索瓦出生时，他的母亲已经病得很重了。没有缘由的恐惧和担忧折磨着商博良一家。在最危急的时刻，母亲被送到了邻居雅克那儿。雅克在靠近早已无人居住的修道院的地方搭了自己的帐篷。人们都说雅克是个神秘主义者，他也被看成是位用植物治病的医生。他了解秘密的事情，并且也用其知识帮助了很多人。

他用自己的配方对病人进行了治疗，并且许诺她会迅速完全康复。

让·弗朗索瓦·商博良。

他用预言的方式谈论这个此时尚未出生的孩子：他会是个男孩，并且是一个重要的人物。小商博良会"在未来几个世纪世界闻名"。

这个目光敏锐的雅克医生没有信口开河。商博良在解密和翻译古老文字方面的成就被写进了古代研究的历史。除了一本古埃及的语法书之外，他还撰写了古埃及语言的词典，这两本书至今仍是埃及学的权威著作。

我们来回顾一下在他出生前后发生的引人注意的事件。小让·弗朗索瓦·商博良非常特别。他的面部特征和肤色都完全不像法国人，却非常像东方国家的人。甚至他的眼角膜都不是通常的白色，而是非常显眼的黄色，这本该是东方人眼角膜的颜色。他的这些特征应该不是他的父母遗传给他的。

看起来似乎一个古埃及人转生成了让·弗朗索瓦·商博良，以便让古代文化研究者进一步了解当时还没有被解密的象形文字的内容。1822年，他翻译了三种语言组成的罗塞塔石碑[1]上的文字。十年之后，1832年3月4日，他在巴黎去世，他把这个关于自己转世现象的神奇的秘密带入了坟墓。

---

1. 罗塞塔石碑，高1.14米，宽0.73米，制作于公元前196年，刻有古埃及国王托勒密五世登基的诏书。石碑上用希腊文字、古埃及文字和当时的通俗体文字刻了同样的内容，这使得近代的考古学家得以有机会对照各语言版本的内容后，解读出已经失传千余年的埃及象形文之意义与结构，而成为今日研究古埃及历史的重要里程碑。

1833 年
在空中捕鱼

之前已经讲过从天而降的冰和红色的雨，后者可以很好地用被扬起的灰尘解释——灰尘被上升气流卷到空中。而血和肉的碎片从天而降的事件会稍后讲到。但是当来自"湿润的生存环境"的动物组成的雨噼噼啪啪地落到地面时，我们又该如何看待这种现象呢？"鱼雨"被看作大自然最变化无常的天气之一。虽然几百年前甚至是几千年前就出现过这样的现象，但是时至今日，科学家还是未能找出对于该现象"符合自然的"解释。

遇到类似 1833 年发生在印度的福特波尔的事件时，我们所谓的"正常人类的理解力"完全不起作用。据估算，当时有 3 000 至 4 000 条鱼落在了一个狭窄的区域，这些鱼不仅死了，而且还被晾干了。三年后，一个类似的事件发生在了阿拉哈巴德，印度北部邦的一个重要的婆罗门教的朝圣地。1830 年，在菲里德波尔（多么地巧合，还是在这个"奇迹之国"印度）下了一场神奇的雨，两种大小和重量不同的鱼从云里落到了地面。

一个假说认为，龙卷风将海水里的鱼卷到较高的空气层中，然后将其运送到很远的地方。然而很难想象龙卷风能够选择某种鱼，还能够把这么多鱼托在空中，直到鱼被晒干。就像在福特波尔和阿拉哈巴德发生的那样。

我不想对所有对鱼和贝类动物感兴趣的人隐瞒下面这个事件。1881 年 5 月 28 日的一次暴风雨天气中，数吨重的寄居蟹和海螺落在了英国城市伍斯特。然而，它们并不是铺天盖地落下，而只是落在了克罗默花园路及其附近的一些地方。

美国的查尔斯·福特（1874—1932）一生都在搜集关于无法解释现象的报告，他对"鱼雨"的成因持不同意见。他提出了一个独特的解释，称"鱼雨"是远程瞬移力量的结果，这种力量能将物体从一个地方运送到另一个地方，不必穿越两者之间的空间。据福特说，这种力量以前的作用更为强大，今天的"鱼雨"和其他雨只是这种力量以前作用的反射。鱼被这种力量从生活的水域移动到天空的某处，再从那里落下来，有时这个地方离地面并不远。事实也解释了这一点，这些鱼落地后常常还是活着的。

原因可能是这样，但是也不一定是这样。龙卷风假说的支持者提出自己的理由，说大多数的"鱼雨"是强烈的雷雨和降雨的后果。这是不准确的。因为晴朗无风但大雨倾盆的天空的作用也同等重要，这样的天气是下"鱼雨"的前提条件。

"鱼雨"和其他跟生物有关的雨在古代记录中有迹可循，然而在21世纪的今天，这类不同寻常的现象的信息却很少。

鱼雨（木版画，1555年）。

1834 年
博蒂诺的秘密

1834 年 3 月，英国皇家海军舰长 A.B. 贝彻在他自己创办的《航海杂志》上发表了一个拥有少见天赋的法国人的故事。一位名叫博蒂诺的先生，一百多年前生活在法兰西岛，该岛如今被称为毛里求斯。船出现在地平线之前，他就能预言抵达该岛的船只。凭借其神秘的天赋，博蒂诺能够说出有多少船正在靠近以及还需要多久船能进入视野范围。即使船还处于地平线后很远的地方，他也能说出船会出现在哪个方向，距离岛屿还有多远。

1762 年，当博蒂诺还在法国海军担任一个次要的职务时，他就已经发现正在接近陆地的帆船会对环境产生特定的影响。1764 年，他被调到法属艾尔西岛，有了充足的时间投入和发展这项业余爱好。

印度洋的情况比法国海岸的情况要好得多，在法国的海岸总是有船只来回航行，其中只有少数的船会驶向港口。博诺蒂待在法兰西岛 6 个月之后就非常确信他的发现与某些事情有关，他把自己的发现命名为"接近船只预测术"[1]，并把它看作一门新学科。由于法国舰队的军官几乎无事可做，所以他们经常待在沙滩上用望远镜观察地平线，看看是否有来自欧洲的船只到达。在船到达的几天前，博蒂诺就和他们打赌。他几乎没有弄错过，并且常常赢钱。军官们将其成绩归因为他超乎寻常的目力，然而他们也感到奇怪，博诺蒂与他们不同，他从不使用望远镜。

博蒂诺对于自己的预言能力完全有把握，他在 1780 年给海军部长马绍尔·卡斯特里写了一封信。作为回应，海军部长命令法兰西岛的最高长官，至少把两年的预言记入一个特别目录中。这些受监督的记录开始于 1782 年 5 月 15 日。

---

1. 一种通过观察环境、光线等变化细节，在船只出现在海平面之前准确预测船只抵达港口的方法。

5月16日，博蒂诺就告诉最高长官苏雅克伯爵，有三艘船正在来岛的路上。哨兵接到命令，用他们的望远镜搜寻他所说的方向。他们给最高长官的报告一致，即"视野中没有船只"。但是，他们在17日的报告中称"有一艘船出现在地平线上"。在之后的一天，又一艘船出现在了视野里。5月26日，第三艘船也能用肉眼观测到。在同一天，最高长官召见了博蒂诺，并且代表政府提供给他1万里弗尔（法国的古代货币单位，相当于一磅白银）以及每年1 200里弗尔的退休金，条件是他答应揭开自己的秘密。博蒂诺拒绝了，因为最高长官开出的价钱太低了。

几个月之后，最高长官写了一封详尽的信给海军部长，信中谈了他对于博蒂诺的异乎寻常的能力的评价。他令人印象深刻的记录表明，博诺蒂的预言几乎总能得到证实。即使有一次他预言的船没有开来，后来也被证明那艘船是外国船，它在距离艾尔西岛三天航程的地方经过，驶向了它自己的目的港。

最高长官在其信中引用了一个非常惊人的案例："一次博诺蒂声称，一个由11艘船组成的舰队正在接近该岛。因此我们非常不安，因为我们估计这是一次英国袭击。我们立即派出了一艘小船作为侦察船。然而在它返回之前，博蒂诺解释道，这个舰队驶向了另外一个方向。几天之后，一艘来自于东印度的船在岛上靠岸，船上的人报告说，有一个11艘船组成的舰队驶向了威廉堡。简单地说，在1778和1782年间，博蒂诺预言了575艘船只的抵达，其中许多预测是在船只能被观测到的四天之前作出的。"

最高长官苏雅克伯爵以一个意见结束了自己的这封信：博诺蒂绝对不是间谍或是骗子。因为他自己和许多军官能够证明这些后来应验的预言是出于好心的。多年来，他们是他的目击证人，并且从来没有过在他预告之前就靠岸的船。

不久之后，博蒂诺决定返回自己的法国老家，他在1784年夏季将结束之时抵达了那里。他在家乡多次要求获得海军部长的接见，然而他被一次又一次地敷衍。他非常生气与失望，并且在法国大革命爆发前夕痛苦地死去了，他把他的秘密永远带进了坟墓。由于政府的愚笨，当时许多人的发现没有获得足够重视。幸亏基勒米诺上将的妹妹非常努力地搜集文件。在遭受了大革命的破坏后，这些文件的一部分被运往了英国，因此文章开头提到的舰长才能得到这些文件。

1834 年 3 月，贝彻舰长翻译并发表了这些文件。手稿的最后一部分是博蒂诺亲自撰写的对其能力的解释，但是这个解释非常模糊并且有所保留。他把其能力归因于他认识到的一个至今未被了解的作用，这个作用是由船在环境中引起的。或许可能只是因为他拥有惊人的目力。无论如何，博蒂诺之后，再没有一个拥有这样能力的人出现。

1835 年
肉体死亡还是被活埋？

人们背后议论说，印度的瑜伽修炼者是最不可思议的家伙。第一批来到印度大陆的欧洲人，报道了苦行僧的天赋，他们能够淡然地承受最可怕的自虐行为。坐在钉板上的苦行僧刺穿自己的舌头、脸颊和更加敏感的部位的形象非常著名。然而，与在保持生命机能的情况下长时间地待在坟墓里的能力相比，这并不算什么。

1835 年，《加尔各答医学时代》杂志发表了一篇关于瑜伽练习者哈里达斯的详尽报道，他从 15 岁起以令人震惊的表演引起了轰动。1820 年，他第一次出现在印度西北部边界的查谟邦。他能够把自己活埋超过几周甚至几个月的时间。当时任部长的拉贾·德加那·辛格注意到他时，他出名了。如辛格自己所说，他能证明瑜伽练习者哈里达斯被活埋了四天。一个来自欧洲的医生也能证明这件事。当进一步精心组织的实验在阿姆利则、雅斯罗塔和拉合尔进行时，英国医生和英法两国的士兵也在场。

医生解释说哈里达斯切断了舌头以下的肌肉，这使他可以将肌肉向后转，并从喉咙处堵住鼻道。在被埋之前几天，这位苦行僧只食用牛奶和酸奶，并在热水里沐浴，然后他会严格斋戒，清空肠道。他在目击者面前做复杂的瑜伽动作。这时他还吞下了一根 27 米长的亚麻线，并且再次把它取了出来。为了防止昆虫侵扰，他用蜡封上自己的鼻子和耳朵。然后他两腿交叉地坐下，将他的舌头卷回到喉咙处。很短的时间后，医生就无法察觉到他的脉搏了。按照他们的医学判断，哈里达斯在生理上已经死亡了。

这时助手们把他用亚麻布包起来，放到一个大箱子里，并用一个挂锁锁上了箱子。在拉合尔的这次展示中，这个地区的王公用自己的封印封上了这个箱子，然后埋入地下，并且把大麦种在了埋箱子的地方。人们在这个地方的周围砌了一堵墙，王公的士兵整天监视着周围的一切。40 天之后，为了目睹解放这个瑜伽练习者的过程，所有当时在场的人又聚集在了一起。在这段时间里，谷物发芽了，箱子上的封印和锁完好无损。当人们打开箱子时，被包在亚麻布里的哈里达斯还像被埋时那样坐着。

其中一个目击者查尔斯·韦德爵士描述这个苦行僧如同死人一般。他的胳膊和腿已经萎缩变硬了。无论是胳膊还是额头上都没有脉搏跳动的迹象，他的头侧靠在肩膀上。然而，当人们对这个"死人"进行了一段时间的全身按摩后，他又逐渐地活了过来。医生们都瞠目结舌，不由得深吸了一口气。之后他们取掉了他耳朵和鼻子里的蜡。半个小时之内，他又能正常地活动了。

这位王公非常激动，并送给这位苦行僧一把珠宝。他在其他地方展示自己难以置信的能力时，人们也给了他很多礼物。但是，后来他的施主们突然不再友好地对待他了，因为他诱奸了几个他的女性支持者，这种事情不该是"圣人"和苦行僧所做的。因此，哈里达斯隐遁了，从此失踪了。

一年之后，即 1836 年，一个无名的苦行僧在杰伊瑟尔梅尔被埋葬。他可能是哈里达斯。因为他也用他的舌头堵住了鼻道，而且为了使自己做好短暂死亡的准备，他也做了同样的瑜伽。这个神秘的魔术师被缝在了一个结实的口袋里，他被放到了一个有围墙环绕的小屋里，并被整天监视。一个月过去之后，人们又把他接了回来。他的皮肤已经变得很干燥又很皱，以至于他看起来像一具很古老的木乃伊，并且他没有显示出任何的生命体征。为了喂给他一些水，人们不得不用力地把他收缩了的牙齿掰开。然而几个小时之后，他就完全恢复了。

在17世纪中叶，这类事件中最轰动的一例发生在阿姆利则[1]。挖墓工偶然发现了一个坟墓，在这个坟墓里有一个年轻的瑜伽练习者的干瘪了的尸体。他们把他从坟墓里抬了出来，当第一缕阳光照射到他的皮肤上时，他逐渐开始活动。不久他的状态就很好了，甚至可以和工人们聊天。当他告诉工人们他叫拉马斯瓦米，是100年前自愿被放在坟墓里的时候，所有人都被吓得毛骨悚然。

印度一直都是一个充满神秘和奇迹的国度。

1836 年
天上飞行的圆盘

正如之前的章节所述，19世纪UFO现象的特点是当时地球还不存在能与UFO现象混淆的技术，然而那个时代早已过去了。那个时代人们看到各种天体现象时，立刻会认为是鬼和恶魔在作怪，对那些现象的解释也形成了特定的思路，即自然科学的责任是以"合乎逻辑的"方式解释一切事物。并且，天文学家和对UFO感兴趣的爱好者们很容易区分天上的是陨石坠落的轨迹还是一个飞行的物体，因为飞行的物体在那个年代是根本不可能存在的。

1836年是以一系列轰动的UFO目击事件开始的。1月12日，一个

---

[1]. 印度西北部旁遮普邦的一座城市，靠近巴基斯坦边境。

巨大的发光的物体从法国的海港城市瑟堡上空飘过，许多人目击了这个现象。它是圆盘状的，中部有一个洞，并且围绕着自己的轴转动。不仅普通目击证人看到了不同寻常的飞行物体，学者也观测到了。例如1836年5月15日，法国教授奥柏发现了许多发光物体正从太阳的位置飞向不同的方向。

接下来的几年，一直有盘状飞行物被目击。目击者既包括具有专业知识的观测者，也有大量的普通目击者。1845年5月11日，卡波齐先生在那不勒斯的卡波迪蒙特天文台看到了许多发亮的圆盘由西向东朝着目的地飞行。其中的一些是星形的，其他的有发亮的尾巴状的附属物。

同年6月18日晚上，英国轮船维多利亚号所处方位是北纬36°40′，东经13°44′，正向地中海的马耳他岛航行。在大约离船半英里（大约800米）远处，3个发光的飞盘突然从海里垂直升起。它们看起来是夜空中月亮的5倍大，并且似乎全部由光束相互连在一起。这个现象持续了10分钟，它不仅被维多利亚号甲板上的水手看到了，而且也被马耳他岛上的人和西西里岛上的人看到了。或许这些飞盘中的一个在五周后还在佛罗伦萨上空被观测到了。1845年7月25日，一个巨大的发光的飞盘在托斯卡纳的城市高空飞行，关于它的描述是"比月亮大得多"。

虽然19世纪信息通达程度无法和今天相比，但是现代的UFO目击频率完全比不上19世纪。

1837 年
虚构和现实

结果出现在原因之后，或许这个看似永恒的规律并不是每时每地都正确。是虚构的场景成为现实，还是现实以可怕的方式遵循了聪明人的剧本？难道在某些情况下，虚构的事件和人物被语言与思想表现出来后，在生活中变成了现实吗？

重量级的美国作家埃德加·爱伦·坡（1809—1849）在1837年出版了一本冒险小说《亚瑟·戈登·皮姆的故事》。一个名叫理查德·帕克的年轻船员在小说中扮演了一个悲剧的主角。在一次海难之后，四个水手尝试在一条小救生艇里活下去。他们非常饥饿，最终，除了用秸秆抽签决定牺牲一个同伴作为剩下三个人救命的食物之外，他们想不出其他任何方法。年轻的船员理查德·帕克不幸抽到了那根短秸秆，于是他被其他人杀死并吃掉。其余三个人从而活着到达了岸边。

17岁的受害者理查德·帕克。

几年之后，坡故事中的情景重现了，连可怕的细节都一模一样。4个海难的幸存者乘坐一条极小的船在大海上漂流，听天由命。事实上，他们就是用稻草决定谁能活下来，谁必须为其他人牺牲。与小说所写一样，倒霉的是年轻的船员。人们了解到他的名字时，他竟然叫理查德·帕克！这太可怕了！他的伙伴借助理查德的肉和血活了下来，他们在1848年因为谋杀同伴而被审判。

顺便提一下，伦敦小报《星期天时报》在多年之后举办了一场最难以置信的事件的比赛，比赛的胜利者是一个12岁的名叫奈杰尔·帕克的男孩。那个以前不幸被水手们吃掉的年轻船员是奈杰尔·帕克的曾祖父的侄子。

英国作家马修·菲利普·希尔（1865—1947）在1896年发表的一篇让人抑郁的短篇小说远没有埃德加·爱伦·坡的小说出名，它描述了一次针对所有人的残忍的破坏性远征。这场远征是一个身穿黑衣的狂热分子组织发动的,这个组织把自己看作人类的进步而不认为自己有罪。他们蹂躏了欧洲,并且在大炉子里焚烧被谋杀者的残骸。这篇短篇小说的题目是《S.S.》,它的内容让我们觉得非常可怕。

事实遵循了事先完成的虚构的剧本吗?或许我们讨论的正好是与预言性的知识有关的例子吗?并且这些例子也令人印象深刻。有时我们会有这样的印象,某些未被专业人士重视的小说、图画甚至是表演可

马修·菲利普·希尔与夫人。

能提供了未来的概况。最敏锐的观察者都未注意到的思想潮流,没有评论家和社会学家参与研究的文章和作品,所有人都认为不奇怪或是不重要的社会事件……或许,它们比现在人人皆知的"主流"看法更强烈地暗示了未来。

1838 年
恐怖的幽灵:弹簧腿杰克

他是最神秘的人物之一,他使维多利亚时期的英国处于恐慌长达几十年之久。这个幽灵的一生和他的恶行发生在独一无二的"想象和现实之间的灰色地带",然而这些完全凭空发生的攻击事件对遭受袭击的人来说绝非杜撰。人们无法刻画出这个令人恐惧的人物的其他特征,人们

把这个袭击者称为"弹簧腿杰克"。

没有人知道杰克第一次出现是在什么时候,有可能是1817年。一个奇怪的跳来跳去的男人胡作非为。21年后,他第一次成为公众感兴趣的话题。1838年1月9日,当时的伦敦市长约翰·考恩爵士在一次理事会议中朗读了一封前一天收到的信,署名是"一名毕克汉的居民"。毕克汉是伦敦的一个地区。那位匿名者在信中报告说,一个身份高贵的人为了打赌购买了许多件道具服,声称要用它们吓死30个人。到现在为止,他已经成功地使7名女士发疯了,而且其中两个也许再也无法恢复正常了。这位不知名的写信者补充道,这些神秘事件已经持续了相当长一段时间了。报纸之所以没有报道这些事件,是因为某个圈子要求他们对这些事件保持沉默。

弹簧腿杰克(插画,1860)。

弹簧腿杰克出现时总穿着不同的衣服。他装扮成巨大的狒狒或是北极熊,或者穿着发亮的盔甲,并且他最喜欢蝙蝠的衣着。在北部的哈克尼区,他打扮成灯夫,倒立着用手前进,并把梯子置于两脚之间。人们把他在空中的过人的跳跃能力归因于捆在他鞋底的弹簧。

1838年2月18日,露西和玛格丽特·斯凯尔斯姐妹拜访了她们住在另一个城区的哥哥后走在回家路上。18岁的露西走在她妹妹前方不远处,当她穿过通往绿龙巷的拐角时,她被一个从黑暗里出现的身影袭击了。这个陌生人朝她的脸上喷火,她倒在地上抽搐时他用力跳走了。

两天之后,住在北伦敦的艾尔索家的门铃响了。当18岁的珍开门时,外面站着一个男人,他冒充警察并强烈地请求她给自己一盏灯。他非常兴奋地喊道:"我们在这条街上抓到了弹簧腿杰克!"珍拿了一根蜡烛,当她想把蜡烛给这个警察时,他脱下了他的披风。他戴着一个面具,穿

沃特福德侯爵（1811—1859）。

着一套类似白色防水服的紧身衣。他突出的双眼看起来像烧红的炭块，他毫无预兆地向珍的脸上喷出了白色和蓝色的火焰，然后用兽爪般的指甲抓住这个害怕得头晕目眩的女孩，撕碎了她的连衣裙，并在她的皮肤上抓出了血痕。她的姊妹玛丽和萨拉听到她的喊声跑过来时，这个可怕的身影放开了珍。玛丽和萨拉把她从这个可怕身影的手里抢了回来，把她拖回家并使劲地关上了门。

一周之后，杰克尝试在另外一家人那里做同样的事情时，他的目标很警觉，他不得不一无所获地逃走了。报纸终于拍到了他神秘的脸，因此他后来的行动范围扩展到了伦敦以外更大的区域。虽然他的攻击变少了，但是却变得更下流了。之后风平浪静了一段时间。

1843年，弹簧腿杰克又作案了。东安格利亚郡、汉普郡和北安普敦郡的人都害怕他，他们形容他"像魔鬼，长着角和火红的双眼"。他在这些地方喜欢袭击邮政马车的车夫，在马车夫被吓得要死和马受惊脱缰时他感到非常快乐。

1845年，杰克又出现在了柏孟塞区的雅各岛，这个街区在伦敦令人讨厌，不仅名声狼藉，而且瘟疫横行。破败的房屋之间是发臭的护城河，人们只能通过摇晃的木桥渡河。在一座危险的晃动的小桥上，杰克把13岁的妓女玛利亚·戴维斯逼入了绝境。他向她的脸上喷火，她掉进了致命的河沟。这个女孩掉进泥泞的污水时发出了惨叫声。警察接到证人的报告，他们在河沟里搜寻，发现了这个女孩的尸体。虽然法庭调查的结果是意外身亡，但是对于周围的人来说，这个可怕的幽灵才是真正的凶手。

在后来的 27 年里，弹簧腿杰克的事件很少发生。1872 年 11 月，整个伦敦都因"毕克汉魔鬼"而陷入恐慌，然而他在令人恐惧的穿着方面根本比不上杰克。难道杰克只是胡作非为？后来在 1877 年不停骚扰爱尔德萧特军营的是谁？1877 年 3 月初的一个晚上，北边营房的一个哨兵看到一个可怕的身影从黑暗中跳向自己，他立刻警告这个陌生人不要靠近自己。几秒内那个身影消失了，然后又突然出现在这个士兵身边，并多次用他死尸一般冰冷的手击打哨兵的面部。爱尔德萧特的哨兵还多次被攻击。一次一个士兵还对入侵者开了枪，但是他的枪装的只是空心弹，这个幽灵最终逃入了黑暗之中。

1887 年，杰克还吓到了几个柴郡的女孩。他最后一次大袭击事件发生在 1904 年的利物浦。他在那里的街上跳上跳下，跳跃的高度有 7 米之多。最后他从房顶跳走了，并且永远消失了。藏在这个使英格兰紧张了几乎 90 年的幽灵背后的是谁？"弹簧腿杰克"犯下的案件一定是很多个坏蛋所为。这一系列事件不可能是同一人做的：他 1838 年在伦敦的郊区引起了恐慌，并在近 40 年之后骚扰爱尔德萧特军营。除了 1817 年和 1904 年的事件，1838 年行凶的暴徒很可能是一个古怪的贵族——沃特福德的亨利·德·拉·普尔·贝雷斯福德伯爵，他长着突出的泡泡眼，并且以年轻时想出的非常古怪的玩笑而闻名。随着年龄的增长，他愈发地残忍，这也反映在了攻击无辜受害者的行为中。

始作俑者和仿效者的共同点是他们一直在黑暗中活动。弹簧腿杰克始终是 19 世纪最神秘的人物之一。

1839 年
云上的实验室

我已经讲过降水中包含最不同寻常的物体：冰块和鱼，以及其他的牲畜，红色的雨，甚至是硬币。人们完全可以说这一切东西都是从天而降的。然而，这个话题好像还是没有说完。有些东西是人类的想象力根本无法想象的，它们是被来自高空的未知力量传送到地面上的。活着的动物是最普通不过的东西了。

1839 年，人们在西里西亚观测到了一次即使对习惯了异常现象的人来说都算是无与伦比的"降水"。大块的黑色纤维从天而降。这些纤维是潮湿的，闻起来像腐烂了的海藻。然而，在干燥的情况下，这种味道很快就挥发了。人们可以将这种潮湿的纸一样的材料撕开。有几张比桌布大得多，其中一张甚至有 7 平米之大，摸起来如同毡垫一般。有人甚至认为它们可以用来缝制衣服。据说，早在 1687 年，类似的现象就在立陶宛城市克莱佩达附近发生过。

1839 年事件发生后，人们在西里西亚对其进行了研究。研究结果表明，这次无法解释的"降水"，其起因是植物。这种毡类组织是由一种海藻和 29 种纤毛虫构成的。这种也被称为"鞭毛虫"的微生物体，能够在地表水、干草和秸秆的混合物中活跃地繁殖。但它们是如何变成细胞复合体并以纸张的形状降到地面上的呢？或许，在相当长的时间里，这仍然会是一个谜。

如果我严肃地说天上存在一个实验室，肯定没有人会相信。这个实验室里有人负责生产非常奇怪的化合物，并且它们还没有落到我们的头顶。除此之外，还有什么原因能解释这种现象呢？

1840 年
印第安酋长的"总统诅咒"

这是一连串史无前例的不幸事件，已经延续了 140 多年。它不是出自富有想象力的作家的羽毛笔，而是残酷的事实，在所有的词典里都被验证了。这一连串不祥的事件开始于 19 世纪 30 年代的蛮荒的美国西部。

从属于阿尔根金族的肖尼族的一个酋长在与印第安纳州最高长官作战时身亡了，这位长官名叫威廉·亨利·哈里森。在血流成河的战场上，这位酋长发誓向白种人报仇。

酋长用尽最后的力气完成了诅咒：从此以后，每个在以"0"结尾的年份被选为美国总统的人都会死于非命。然后，他离开了这个世界。

几年之后，1840年，威廉·亨利·哈里森被选为新任的美国总统，他搬进了白宫。过去的敌人的可怕诅咒第一次在他身上应验了。哈里森就职一个月之后就神秘地死去了。从那时起，被预言了的宿命精准地重复着，每20年就无情地发生一次。

设下"总统诅咒"的肖尼族酋长逊康舍（1765?—1813）。

哈里森原因不详地去世后，印第安酋长的诅咒降临在了亚伯拉罕·林肯的头上。林肯1860年当选为美国总统，他废除了不人道的奴隶制度，1865年4月14日，林肯在华盛顿的福特剧场的一次演出中被约翰·威尔克斯·布斯用枪击中，第二天因伤死亡。

詹姆斯·A.加菲尔德在1880年被选为美国总统，1881年9月遇刺身亡。谋杀他的人叫查尔斯·吉特奥。

1900年，威廉·麦金利当选总统，1901年9月，一个无政府

"总统诅咒"始于美国总统威廉·亨利·哈里森（1773—1841）。

主义者在纽约州的布法罗市刺杀了他。

1920年，共和党人沃伦·G. 哈定成为了第29任美国总统。他完成了自己的一半任期，死于1923年8月2日。

这个诅咒在下一个牺牲品身上表现得略微不同。富兰克林·D. 罗斯福在1940年

第16任美国总统亚伯拉罕·林肯（1809—1865）。

再次当选，他因三次连任而成为了至今美国总统中任期最长的一位。在结束他的第4个任期之前，他去世了。

然后轮到了约翰·菲茨杰拉德·肯尼迪。

第20任美国总统詹姆斯·A. 加菲尔德（1831—1881）。

他在1960年成为了民主党的候选人，并且成为了最年轻的美国总统。他很可能死于一次国家最高机构也卷入其中的阴谋。

罗纳德·里根在1980年当选，并按照惯例在第二年初开始任职，他也遇刺了。然而里根总统在1981年3月的暗杀中活了下来。

第25任美国总统威廉·麦金利（1843—1901）。

演员出身的里根总统直到2004年6月5日才去世，享年93岁。

现在，印第安酋长的诅咒减弱了，还是

第29任美国总统沃伦·G. 哈定（1865—1923）。

第32任美国总统富兰克林·D. 罗斯福（1882—1945）。

第40任美国总统罗纳德·里根（1911—2004）。

被彻底打破了？他的诅咒在140年之后失效了吗？看起来，它到了"失效日期"。因为这份不祥的清单的下一位"候选人"，是乔治·W. 布什（小布什）。2000年9月，他饱受争议地被选为第43任美国总统。2001年的911事件，发生在他的第一个任期里。这些事件围绕着很多猜想。4年之后，他甚至再次成功地成为

第35任美国总统约翰·菲茨杰拉德·肯尼迪（1917—1963）。

了世界上最有权力的政治家。一个刺客在接近布什之前被美国特工成功逮捕了。

1841年
天上下肉和血

直到今天，大雨倾盆时人们还会说"天上下狗和猫"[1]。这句话听起来像玩笑，然而却有真实背景。世界各地总有生物或是有机物质从天而

---

1. 英文谚语，"It is raining cats and dogs"，形容大雨倾盆。

降：鱼、蟾蜍、蜗牛、青蛙等等，并且事例众多。虽然有些特殊的降水现象第一眼看起来像是荒诞不经的想象的产物，但是许多古怪事件都有目击证人。

早在1800年前，生活在古埃及瑙克拉提斯的作家阿特纳奥斯[1]就记录过一次持续了3天之久的"鱼雨"，也记载过一个青蛙组成的湍流堵塞了街道的事件。这些描述让我们突然想起了圣经里的神用来惩罚埃及的"十灾"。在新时代，美国人查尔斯·H. 福特（1874—1932）第一次研究了这些现象，但是，因为它们似乎不符合我们的世界观，所以依然被认为是虚构的。

天上落下的"血"也是有文献记载的最古老的现象之一，人们可以在荷马和普鲁塔克[2]的作品中读到相关材料。如今，气象学家告诉我们，雨被染红通常是由于物质材料造成的，例如沙子或是灰尘。然而，并不是每次都能找到这样的无害的解释。

1841年8月17日，美国田纳西州的烟草田的黑人工人发现红色的雨突然倾盆而下。经过查看，他们认为从一片红色的云里垂直落在他们头顶的东西是血。因此，他们立刻喊来了种植园主，正好这时一位名叫特鲁斯特的教授来拜访种植园主。当工人们和这位绅士回到事发地时，他们发现这块田地上布满了散发着恶臭的碎片。

这位特鲁斯特教授同年10月在《美国科学杂志》上发表了一篇文章。他在文章里陈述了他的观点：该事件与动物脂肪和肌肉组织有关。然而，他并没有研究从天而降的血。这份杂志后来的某期中写道，整个事件可能是黑人农业工人的玩笑，他们可能把一头腐烂的猪的尸体撒到了田地里。这是对这起被越来越频繁报道的事件的一个略有说服力的解释。

大约半个世纪之后，1890年5月15日，红色的液体落在了卡拉布利亚南部的小地方麦西纳迪。气象学家断定那是鸟的血。他们推测一群

---

1. 阿特纳奥斯，罗马帝国时代作家，其对话体著作《欢宴的智者》为后世留下了大量宝贵的风俗与文学资料。
2. 普鲁塔克，罗马帝国时代传记作家，著有《比较列传》，俗称《希腊罗马名人传》。

鸟被卷入了强烈的风暴并在风暴里被撕碎了。但是，从气象记录可知，那天风平浪静。这种屠杀应该有残骸，然而似乎一种能摧毁一切的力量对天空中的居民鸟儿们非常愤怒，因此只有血从天上降下。

1842 年
森林中牧人的预言

自古以来，人们都非常想了解未来会怎么样。许多今天看起来非常简单的事情在古代是无法解释的，但是人们从未停止过努力获取未来的信息。从很久以前开始，所有人都容易或多或少地受到先知和预言家给出的模糊预言的影响。为了能够尽可能高明地进行预言，他们常常为预言留有很广的应用范围。最著名的预言家要数诺查丹玛斯，他的真名是米歇尔·德·诺特达姆（1503—1566）。1991 年，一些作家费尽心机融合了诺查丹玛斯的四行诗，他们在他的诗里发现了查尔斯王子在戴安娜担任英国王妃时加冕。如果我没有记错，事情的发展和他的预言略有不同。

1842 年，一个人的预言被记录了下来，他就是巴伐利亚森林里的"林中牧人"马提亚斯·史托姆伯格。当地的历史学家也不太了解他的一生。据说，史托姆伯格应该是在茨维泽尔市附近的一个叫作拉本斯泰因的农村里被收养的孤儿。这件事情可能发生在 18 世纪中叶。这位森林牧人预言了很多人的死，并且几乎没有说错。他在 1806 年去世，他的预言常年被口头传下来，直到 1830 年才第一次被记录，最终版本是在 1842 年确定下来的。

史托姆伯格用生动的预言描述了许多他还不知道的未来的概念。在巴伐利亚州的森林里只有木板屋顶或是茅草屋顶的时代，他告诉他同时代的人未来会有红色瓦屋顶，他们不相信并摇头。他在汽车发明的一百

年前就预言了"没有马和车辕的车",这很容易看出是汽车。还有很多的例子:

"铁的道路会在深林中修建。"这里他所说的应该是铁路线。

"当谷物成熟时,会发生一场大战。但是,人总是变得越来越多而不是越来越少,钱会失去价值。人们用200古尔登都买不到一个圆面包……"这条关于收获季节的暗示,描述的是第一次世界大战在1914年8月1日爆发;其他的句子描述的是战后疯狂的通货膨胀,在那段时期钱还不如印它的那张纸值钱。

"男人会像女人一样穿衣,并且女人会像男人一样穿衣,人们再也无法分辨出他们。"这是对我们时代的着装规则最准确的描述。

最后,马提亚斯·史托姆伯格公布了一些更远的未来的细节,像所有的预言一样,这些细节预言了不好的事情:

"如果人们像苍蝇从墙上摔下来一样,从凳子上摔下来,那么末日就开始了。末日会非常可怕。"

这只是普通的对未来的悲观描述,还是对更为黑暗的不确定的未来的真实的预见呢?

1843 年
末日审判取消了

1843年4月3日,北美的新英格兰州,数千人聚集在了小山和小丘上,他们害怕地等待着将要到来的世界末日。这一天过去了,但是并没有发生值得一提的事故。然而,人们对于那个预告了世界末日的人的信任未减分毫。那个"先知"是威廉·米勒,一个农场主。他曾经是个无神论者,后来却变成了宗教狂热者。

他专心研究《启示录》[1]和《但以理书》[2]中的预言。他以福音传道者的身份环游全国。1833年,他就发出了警告,并且他的预言被流星和日晕证实。后来,1843年出现了彗星——彗星一直以来都被看作不祥之兆。《纽约先驱报》散布了米勒所说的大火会在4月3日毁灭世界的言论。

有的人对他的预言的反应非常戏剧性,许多狂热信仰者杀死了自己的亲属然后自杀。他们相信这么做可以首先进入天堂的大门。纪念这次骇人听闻的大规模自杀行为对我们这个时代有警醒作用,就像发生在琼斯镇(圭亚那)的"人民圣殿教"的仪式性自杀一样。

末日审判取消了。威廉·米勒坚定地确定了新日期:1843年7月7日。

又有无数的人聚集在一起。在那个夏天的那一天,许多人穿上了寿衣,在坟地里等待末日降临。有的人在这一天到来前变卖了所有的产业。然而,这一天也过去了,世界仍然没有毁灭。米勒又宣布了下一次的日期:1844年3月21日。这次仍然有许多盲目的人,他们还是对这些已经变得无聊的预言深信不疑。

3月22日,这个自封的信仰创立人承认他失算了,并且宣布10月22日是天堂的军队和黑暗力量最后一战的日期。这一次,阳光又攻破了所有的预言,他的许多追随者开始严重怀疑他,特别是那些提前变卖掉自己所有产业的人。与他们相反,他们的"领袖"还保留着自己人世间的财物和不动产。这个有十万忠诚信徒的教派最终瓦解了。直到今天,只有一个旁枝教派,即"基督复临安息日会",还坚定地存在于教派纷繁的美国,并以威廉·米勒的"学说"为基础。

对我来说,宗教极端主义导致了世界上最不可思议、同时也是最可怕的事件。除了不幸的自杀行为,它几乎每天都使许多无辜的人死于非

---

1. 《启示录》是《新约》的最后一章,据说为耶稣的门徒约翰所写,主要内容是对未来的预警和末日预言。
2. 《但以理书》是《旧约》中的大先知书之一,记录了但以理所见的种种异象,世界变得越来越坏,各种罪恶猖獗,最终耶稣会出现并重建新秩序。

命。阿尔伯特·爱因斯坦（1879—1955）是一位天才的物理学家和思想家，他曾说过下面的话："有两件事是无止境的——人类的愚蠢和宇宙，然而对后者我并不是很肯定。"

1844 年
一颗有 600 万年历史的钉子

我们脚下的土地有时会出现不同寻常的物体，它们本不可能存在。考古学家最习惯于忽视这些出土物，或是把它们归入"玩笑或赝品"的范畴，因为它们不可能存在。然而，这些讨厌的物体根本就不关心可怜的研究者道德上的两难处境，它们顽固地存在着。

1844 年，距离邓迪[1]不远的津古迪村的一个采石场里发现了这样一个不该存在的物件。它所在的地方原本并没有什么好搜寻的，当人们把一块 60 厘米长的石块上松软的黏土清除掉时，一颗长 1.2 厘米的光滑的钉子的尖头露了出来——人们偶然发现了一颗包裹在岩层之中的生锈的钉子。据估计，包裹着这颗钉子的岩层是 600 万年前形成的。这枚出土物在当时引起了轰动，以至于著名的自然科学家大卫·布鲁斯特爵士（1781—1868）专门为英国科学促进协会写了一篇详尽的报告。

这颗钉子来自于恐龙生活的时代！如果它是外星生物留下的，那就不是意外了。1851 年，美国商人海勒姆·德·维特在加利福尼亚的一次旅行中把一块金色石英石拿回了家。他向一个朋友展示这块石头时，石头从他手里滑落，在地板上重重地摔成了两半。一颗稍微有些生锈的钉子露了出来，它的其他方面保存得很好，钉子头的形状非常特别。即便在岩石"只有"100 万年历史的情况下，这件物品如何进入这块石英石依旧是个谜。

---

1. 邓迪，苏格兰海港城市。

岩石中发现的铁锤。

1852年，工人在爆破马萨诸塞州多尔切斯特附近的一块岩石时，发现了两个金属物品的碎片。人们把它们拼起来时得到了一个钟形容器。它的高度为11厘米，底部直径为16厘米，看起来像是银合金制成的。《科学美国人》杂志的一篇文章对这件物体的描述如下："在边上有6个花或是花束的图案，它们是用纯银完美镶嵌上去的，围绕该容器底部的是一个葡萄枝或是一个花环，也是用纯银镶嵌上去的。它的打制、雕刻和镶嵌是由一个技术非常熟练的手工匠完成的。这个罕见的未知容器，是从大约地下5码（4.5米）坚硬的岩石里炸出来的。"

美国学者伊万·桑德森深入研究了这个与常人的世界观不符的手工艺品。它在英语国家被简称为"欧帕兹"——意为"不应该出现的人工制品"或是"不适当的手工艺品"。

桑德森想出了3种非常规假说，这些假说能够在一定程度上解释它们"不可能"的存在：

1. 这些"不适当的手工艺品"是一个非常发达的文明留下的技术遗产，这个文明比我们的文明更早存在于地球上，并且已经消亡了。

2. 这些物体不知何时何地失去了其物质形态，被远距离传送到另一个地点或是时空。然后，在那里它们恢复了正常的形态，经历时间流逝，直到新时代在"不可能的地方"被重新发现。

3. 另外一种可能是，它们是地外生物的装备，他们在远古时期就来过我们的星球。

不论人们如何看待这些手工艺品，只要正统的科学家继续顽固地拒绝承认它们的存在，关于它们的谜团就肯定不会解开！

1845 年
女教师的分身

神秘主义者、格外虔诚的人，甚至是无神论者都总会报告，"她"同时出现在了两个不同的地方。人们把这个现象理解为"一个人在两个地方同时出现"，可靠的目击证人能证明这种现象确实存在。20 世纪与该现象有关的最著名的人是 1968 年去世的帕特·皮奥，他经常被证明同时出现在两个距离遥远的地方。19 世纪中叶，一系列在两地同时出现的事件发生了，许多证人可以作证。这一系列事件让世界陷入紧张。时至今日，它依旧是那个时代最大的谜团之一。

诺依维克离拉脱维亚首都里加大约 65 公里远，该地有一所著名的女子学校。1845 年，该校领导聘请了一位新的女老师，32 岁的艾米丽·萨吉小姐。她教授法语和数学。一切都很正常，直到一个星期后发生了罕见的事。有人问学生萨吉小姐在哪时，他得到了矛盾的答案：一个女孩说她在图书馆，而另外的女孩说她们刚在楼梯上遇到了她。最开始，人们还以为是女孩们弄错了，直到更多的事件显现出了事情的特殊性。

一次，这位老师在她的学生面前在黑板上写字时，发生了吓人的事：女孩们看到突然有两个一样的萨吉小姐站在她们面前，一个紧挨着另一个站着，她们不仅长得一模一样，动作也一模一样。只是她的分身手里没有拿粉笔。课程立刻被中断了，在领导的指示下，学校展开了调查。调查的结果表明，在场的 13 个女孩都看到了这个现象，并且她们对这个分身的描述一致。后来几周，这个可怕的现象又发生了几次。有一次，这个分身出现在午餐时间，她站在艾米丽的椅子后面，并且模仿艾米丽吃饭时的所有手部动作，只是她手里没有餐具。另外一次，这个身影出现在了教室，并且在学生中间走来走去。然而，实际上，这个法国女老师当时正由于感冒躺在床上。

不久之后，又一起事件让整个学校陷入不安。傍晚时分，所有 23 个学生都在主楼里坐着写作业。人们能够轻易透过四个开着的大玻璃门看到花园，萨吉小姐似乎心不在焉地在那里摘花。另外一个法国女教师坐在教室的桌子边，几分钟后她起身离开时，椅子暂时空着。忽然间，学生们惊讶地发现，立刻有一个和真人一样的萨吉小姐坐在了椅子上，而这时他们看到这个法国女老师还在花园里静静地摘着花，但是她的动作看起来好像变慢了，变得无力了，仿佛有什么东西正在吸走她的力量。

受到惊吓后的几秒，两个女孩站起来走到了桌子后面，紧张地接近了这把椅子，并且尝试去摸这个身影。她们觉得那个身影摸起来好像精细织物一样。一个女孩表示她毫不费力地用手穿过了这个身影。这个幻象不仅没有破裂，而且还保持了一会儿可见的状态，然后才消失了。同时，在花园里的萨吉小姐好像又恢复了活力。当人们告诉她这件事时，她说她看到她的同事离开，她正为无人照看的女孩们担心。

1845 年至 1846 年，在大约一年半的时间里，这个可怕的现象出现了许多次。不仅是学生，而且其他老师和所有的清洁女工都看到过这个分身。由于这些事件，学生的人数从 42 人下降到了 12 人。家长们不打算把正在成长的女儿继续托付在一个"鬼屋"。虽然艾米丽·萨吉是一个非常优秀的老师，但是她还是被解雇了。一次她承认，她之前已经由于个人原因被 18 个学校赶走了。这个年轻的法国人不得不又一次收拾自己的行囊，离开自己工作过的地方。

多年以后，一个从诺依维克这所寄宿学校毕业很久的学生在一个农庄又遇到了萨吉老师，她在那里担任家庭教师。许多在那里上学的小孩说，他们有"两个艾米丽阿姨"。在这之后，她就消失了，人们再也没有听说过与这个法国人有关的消息了。

人们有时会怀疑这个故事。因为1845年她在立陶宛新入职时，她说她32岁，出生在法国东部的第戎。由此推算，萨吉小姐应该是1813年出生在那里的。法国天文学家卡米伊·弗拉马利翁（1842—1925）一直对天上和地上发生的罕见事情非常关注。1895年，他认真了解了这个事件的线索。他在第戎虽然没有发现姓萨吉的家庭，但是偶然发现了一个叫奥克塔维·萨吉特的孩子。她1813年1月3日出生在那里，并且是个私生女。和一直被自己幻影骚扰的艾米丽·萨吉一样，奥克塔维·萨吉特在1845年时也正好32岁。如果不是她耻于私生女的出身改了名字，那就是当时的证人和参与者记错了她的名字。她留下一系列一个人同时在两个地方出现的事件，这对证人和观察者来说不可思议，她本人却深受其害而倍感痛苦，因为她的生活为此完全乱套了。

1846 年
带电的女孩

安热莉克·克汀是一个来自下诺曼底拉佩尔里埃的女孩。她14岁时，她的生活忽然在一段时间内不同寻常地改变了：她逐渐发觉自己带电了。时至今日，主流科学都不承认这类现象的存在。但是这个年轻的法国人身上发生的事件如此确定，根本不容否认。

这件可怕的事情发生在1846年1月15日，在10周后结束。她和另外三个女孩在一台织布机上织手套，织布机开始自己转动，并且来回地摇晃。安热莉克在场时，罗盘的指针会强烈地转动。即使不带电的物体，

安热莉克·克汀展示自己的能力。

甚至是很重的家具，在她面前都像被一个看不见的磁石排斥一般地向后退，并且强烈地颤动。

后来她的父母把她带到了巴黎，唐克医生注意到了她。这位医生向科学研究院报告，这个女孩能够辨别磁石的磁极，影响罗盘的指针和像磁石一样吸引或排斥小的物体。在这些事情发生时他在她旁边感到了一阵"凉风"，这阵风让他想到了强带电物体引起的空气运动。她只是稍微碰一下某些物体时，其中的一些已经被强烈地甩到了一边；她想要坐下时，椅子会围着她转；还有一次她只是轻轻地碰了一个25公斤重的桌子，它就突然飘向了空中。

研究院将这起事件的研究委派给了著名的物理学家和天文学家弗朗索瓦·阿拉戈（1786—1853）。但是这时——在这种力量第一次出现之后的第10周，这种力量好像从这个女孩身上消失了。上文提到过的唐克医生已经注意到，安热莉克完全放松时，她的影响作用是最强的。可惜阿拉戈和他的同事们没有观察到证据，他们不断施压，以至于这个女孩总是很紧张，并最终离开了研究室。

来自巴黎的医生之前观察到安热莉克的"电力"在晚上会达到最高峰。这种力量似乎是从左手腕，左手肘的内侧和脊柱发出的。这个女孩多次放电时会痉挛并猛然站起来，脉搏会高达每分钟120次。唐克医生得出结论，这是一种当时尚未被发现的电的形式。然而阿拉戈周围的学者都拒绝承认，因为当时科学研究院对这类现象的态度相当保守。阿拉戈建议研究院应该完全无视安热莉克·克汀事件。

即使科学界错过了一个研究人类带电现象的重要的机会，但是他们并不缺少其他适合的"研究对象"。在1852—1853年，来自法耳茨地区的12岁的菲利皮尼·辛格也受到了类似症状的困扰。这个女孩吸引金属的物体，这些物体紧紧地黏在她的手上，以至于在拿开它们时她常常感觉非常疼。

1877年，19岁的加拿大女孩卡洛琳·克莱尔也遭遇了同样的情况。患上一种神秘的伴有抽搐的病后，她身上出现了带电现象。此外，这位年轻的女孩变瘦了40斤，并且她触碰过的每个人都感觉像被强烈的电击打了。在一次实验过程中，20个人手拉手站成一个圈，甚至连圆圈中的最后一个人也感觉到了电击。卡洛琳·克莱尔的带电现象持续了许多个月，但是后来这个现象同样永远消失了。

现在医生和科学家对人体携带电能的原因还是意见不一。因为这种电能的表现形式违背了已知的物理学定律，所以这种现象与超能力联系在了一起，例如心灵致动（不接触物体从而使其移动的能力）。尽管用上了所有方法，这个谜团直到今天都尚未被完全解开。

1847 年
铁棍贯穿大脑

我们现代的医学已经揭开了思维的场所，即大脑的一些重要的秘密。战争和交通事故不断地在世界范围内造成死亡，这些不幸的死亡的人使得外科医生和精神病学家可以进行大量关于大脑不同作用分工的研究。不同的伤病以及他们对感觉和肌肉系统的影响被准确地记载和批注在医学专业文献里。

然而，有人认为在这个敏感领域的一切秘密都应该被研究。其实这样的想法是错误的，我们大脑的结构非常复杂，以至于有关它的许多情况仍然处于未知状态。在糟糕的情况下，轻微的打击和伤害似乎会造成无法修复的损伤。另外一方面，我们也见到过严重伤势未对受伤者造成大脑损伤的描述。医学面临无法探究的秘密，它们把医学引向了我们知识的边界。

1847 年 9 月 13 日，时年 25 岁的美国铁路班组的工头菲尼亚斯·盖奇正忙于装炸药的

菲尼亚斯·盖奇康复后与铁棍的合影。

准备工作。他用一根尖头的长棍子向事先钻好的洞里装硝酸甘油炸药。他用这根棍子碰到一块岩石时突然产生了火花，火花立即引燃了炸药。

爆炸产生的力量像射出子弹一般巨大，那根铁棍穿过了盖奇的颧骨，插入了他的左眼下。铁棍穿透了他的颅骨，几乎将他的左眼挤出了眼窝，最后从他的后脑勺伸出了接近半米长。多么可怕的景象啊。

在场的同伴都认为菲尼亚斯·盖奇会失去意识，甚至他的生命。人们把他抬到了一个宾馆，一个医生被派来这里。这位医生又立刻找来一位外科医生。这位外科医生取出了铁棍，但同时也带出了一些骨头碎片和脑白质残片。虽然这两名医生都不承认这位重伤者还有生还的机会，但是菲尼亚斯·盖奇后来震惊了这两位医学专家。这位工长除了失去一只眼睛外没有其他任何损伤，在康复之后又继续从事了他先前的工作。

一座少见的蜡像表现了遭遇事故后不久受伤的菲尼亚斯·盖奇。顺便说一句，几年前我在香港的一座小博物馆为这座蜡像拍了照片。

一些事件引出了一种结论，即我们在不得已时根本不需要大脑。而这些事件更令人难以置信。著名的德国外科医生克里斯托弗·W. 胡佛兰德（1762—1836）在他的回忆录里提到过一个病人，他虽然瘫痪了，但是直到患病时意识都非常清醒。胡佛兰德在他死后为其验尸，发现死者的颅腔内根本没有大脑，只有312克水。

我们的大脑是一个大约1 500克的灰白色的球体，或许人的一生只是它的一个"短暂的住所"，它藏着更加难以捉摸的物质。最后完全可以得出这种想法：这种难以捉摸的"物质"在我们死后不会像地球上的其他事物一样消亡，而会保存下来。如果我们相信现代物理学的维护者的理论，那么在宇宙中什么都不会消亡，只是变成了另外一种能量形式。我们的意识也是这样的吗？

1848 年
南大西洋的可怕遭遇

装备了 20 门加农炮的英国现代化的军舰 H.M.S. 达罗斯号是大英帝国鼎盛时期的一艘雄伟的三桅船,它正从印度返回英国港口城市普利茅斯。彼得·麦奎是一位非常有经验的船长,四年前他就接过了指挥权。事情发生在 1848 年,即苏伊士运河开通的 20 年前,那时往返印度的航线必须经过非洲南端。

1848 年 8 月 6 日,达罗斯号行驶至好望角和圣海伦娜之间的南大西洋海域。一个巨大的蛇一样的生物毫无征兆地出现在他们的航线上。事情发生在 17 点,船长和船员们都应该没有忘记这次遭遇。船返航之后的几周后,船长彼得·麦奎在《泰晤士报》的一篇文章里透露了他所目击的细节。英国海军军部立刻质询了麦奎这个报道的真实性。船长给海军将军沃尔特·H. 盖吉爵士的官方回答,也被刊登在了《泰晤士报》上:

H.M.S. 达罗斯号,哈默兹[1]　　　　　1848 年 10 月 11 日

沃尔特·H. 盖吉爵士,我此前在《泰晤士报》上发表了一篇文章,描述了在我指挥的 H.M.S. 达罗斯号上我和船员目击到的一条巨大的海蛇,为了答复您对文章真实性的询问,我将把详细细节告知您。事情发生在这年 8 月 6 日的下午 5 点,事发地点的坐标为南纬 24° 44′,东经 9° 22′,天气多云。暮色已经降临,一阵凉风从西北方向吹来,船继续向东北方向前进。萨托里斯先生目击了一个不同寻常的物体时,船向左舷略微偏航。萨托里斯立刻向值班的军官埃德加·德拉蒙德中尉报告了这件事。德拉蒙德中尉和威廉·巴雷特先生及我在船的后甲板上,

---

1. 哈默兹,英国地名,泰马河入海口潮汐地带,位于林厄河与普利茅斯湾之间。

剩下的船员正在船舱里吃晚饭。他提醒我们观察后,我们看到一条巨大的蛇,它的头及其身体的一部分一直保持在水面上大约四英尺的位置,我们估计它露出水面的长度……至少有60英尺(约18米)。

据我们观察,它不存在身体波浪形的运动,既没有水平的也没有垂直的。但是可以断定这个动物在向前行进,它很快游过去了,离我们非常近,以至于它像我们的熟人一样,我仅凭肉眼就看清楚了它的外形。它靠近我们的船和离开我们的视野时,都没有偏离向西南的行进方向,并且它保持着每小时12至15海里的速度前进。

这个生物有着典型的蛇的头,头后面的身子直径大约是15至16英尺(38至40厘米),身子是深棕色的,脖子是淡黄色的。我们对其长达20分钟的观察过程中,这个动物没有一次准备潜入水底。它没有鳍,然而它身上有类似于马鬃或是海藻的东西,它的背被海水冲刷着。除了我和上面提到的军官外,海军军士、军需主任和水手们也看到了这条海蛇。我下令按照我目击后立刻画的草图制作一幅画,希望这幅图及时完成,以便明天可以邮寄给海军军部的高级专员。

船长彼得·麦奎

H.M.S. 达罗斯号观察到的巨型海蛇。

征得船长的同意后，上述图画被刊登在了1848年10月28日的《伦敦新闻画报》。中尉德加·德拉蒙德是麦奎的报道里提到的值班官员，他在自己的一篇报道里证实了他上司的说法，这篇报道发表于第二天。

科学界几乎立刻给予了官方回应。自然学者理查德·欧文爵士激烈地抨击了这位船长。欧文爵士也在《泰晤士报》上发表了一个声明，他尝试用一个简单解释来忽略这次目击事件，即麦奎和他的船员看到的仅仅是一头海狮，他们得出了一个非常值得钦佩的远距离推断。然而船长并没有动摇，坚持自己原本的说法：他在南大西洋看到了一条海蛇。

顺便说一下，两个月之后同一片海域又发生了一起目击事件。1848年12月，帆船北京号在离好望角不远的地方遭遇了无风天气，一个船员突然在水里发现了一个奇特的生物。通过望远镜可以观察到这头生物，它像一条头很大、长着一束鬃毛的巨大的蛇。到底是什么样的物种和它的先祖生活在这片地区呢？

1849 年
"桌灵转"的诞生

事情发生在19世纪40年代末。约翰·福克斯先生是一个正直的农场主，他还是卫理公会教派联合会[1]的成员。12月里寒冷的一天，他搬进了美国纽约州的小城海德维勒的一所小房子，和他一起的还有他的妻子和两个女儿，10岁的玛格丽塔和7岁的卡蒂。之前住在那里的几家人

---

1. 卫理公会教派联合会，由基督教新教卫斯理宗的美以美会、坚理会和美普会合并而成的基督教教会，其创始者为英国人约翰·卫斯理（1703—1791）。教会主张圣洁生活和改善社会，注重在群众中进行传教活动。美国独立后，美国卫斯理宗脱离圣公会而组成独立的教会，其后分裂为美以美会、坚理会、美普会、循理会和圣教会等。1939年，美以美会、坚理会和美普会合并成现今的卫理公会。

都私下议论说这所房子阴森可怕,并且里面发生过奇怪的事件。

福克斯先生是一个虔诚的人,他没怎么理睬传言。但是,不久之后,全家人都听到了房屋里传出的莫名其妙的敲击声和其他声音。这些声音最开始在傍晚时出现,后来在午夜时分也开始出现。不久后邻居们也来听这些神秘的声音。这时一个人想出了一个主意,发明了一种"敲击字母表",尝试与这个可怕的对手进行交流。这个方法成功了,福克斯先生通过这个方法成功地了解了这个幽灵的详情。原来他活着的时候是商人,也住在这个房子里,有一天他被杀害了,凶手把他的遗骸掩埋在了地下室。当他们检查地下室,挖开房子的地基时,一家人惊呆了:他们确实找到了骨头!这件事显然给他们带来了麻烦,他们只好搬到了罗契斯特市的亲戚家里。然而这些现象在新住处还是继续发生,它们似乎是针对这两姐妹的。于是,举办降神会成为了她们日常生活的一部分。

1849年秋天,在卡蒂·福克斯和一位塔姆林女士参加的降神会期间,一个至今仍然费解的现象发生了。一次,一些小东西自己动了起来,没有人碰吉他的情况下吉他自己开始演奏乐曲;不久后,另一个无法解释的可怕现象发生了。

为了听清那些几乎是自动发出的敲击声,他们常坐在一张宽桌子旁。令人惊奇的是,某个晚上家具自己发出了敲击声。所有人把手放在桌面上,不久之后他们感觉到了木头轻微的颤动。然后桌子开始猛烈地运动,先是倾斜,最后甚至从原先的位置挪走了。当所有人克服了最初的恐惧时,有人想到了一个主意,他建议大家应该坐在桌旁提问。一直发出敲击声的家具开始运动时,几乎没人坐着。后来,他们把手围成了一个圈放在桌面上,开始提问。

风靡全球的"桌灵转"活动就这样被发明了,随之出现的还有现代招魂术。其发明者深信,通过敲击符号可以和死去的人的鬼魂取得联系。当时,人们相信,这种和阴间交流的方法非常有效。无数人被它所吸引,并且引发了一场人类思考和信仰的革命。对我们来说,这种活动现在或许仍然是聚会时让人发笑的游戏。因为现代的超心理学的主要工作是在实验室里展开的，它早就取代了充满幻想的招魂术。这一切都开始于福克斯家里奇怪的敲击声，这完全改变了他们的日常生活。

1850 年
一次打猎的结局

1850 年 10 月 1 日，柏林周边的森林里举行了一次打猎活动。那是一次在森林里的骑马打猎，打猎时狗会一直追寻猎物直到猎物精疲力竭为止。来自霍恩洛厄—因格尔芬根的年轻王子克拉夫特作为一名有声望的客人也答应参加这次打猎。但是，由于打猎前一天他觉得身体不舒服，所以他决定不参加了。9 月 30 日晚上，他早早躺到了床上。

在梦里，他的马在打猎时受惊了，他一头撞在了树上，脑袋被撞伤了，他躺在森林里。这时他突然惊醒了，结果看到自己满脸是血地躺在床脚的地板上。

他怀疑地从床上坐了起来，注视着这个和他一模一样的人，直到他消失为止。房间里一片漆黑。这个梦使他很不安。然而，他对自己因为这个梦而异常不安的事实感到更加反感。最终，霍恩洛厄的王子又睡着了，然而这次睡眠也没能持续多久。他不久之后又醒了，再一次看到了床前流血的自己，这个幻象没过多久又消失了。

转眼已是黎明时分。尽管非常不适，他也决定无论如何要参加这次打猎，他是不会被一个不愉快的梦吓住的。王子和其他人在约定的地点见面时，把是他梦中的经历讲给他的兄弟弗雷德里·威廉听，两个人对此哈哈大笑。

打猎活动开始了，王子的马一开始就受惊了。他的马跑进越来越浓密的森林，直到王子的头撞到树上。他从昏迷中短暂苏醒时发现自己正躺在森林里，右边的脸完全划破了，眼睛流着血，头破了而且部分头皮也被撕掉了，他的脚卡在马镫里，被飞奔的马拖了很长一段路。万幸的是，他很快被其他人发现了。他被送到他的兄弟在波茨坦的住所，他在那里待了三天才苏醒。他醒来之后要了一面镜子，在镜子中他看到自己的伤口和之前被噩梦惊醒后看到的躺在地上的自己的伤口一模一样。

1851 年
大脚怪在门外！

每个人肯定都听说过神秘的"喜马拉雅雪人"，或者"雪人"。他总是在喜马拉雅山脉偏僻的山峰上被目击到。不只在亚洲中部的高山上，世界许多地区都有人类遭遇这种神秘物种的报道。不论是"喜马拉雅雪人"还是澳洲的"野人"，或是"大脚怪"和美国北部和加拿大的"萨斯科奇人"，他们有一个共同点：他们可能是猿猴进化为人类过程中的一个过渡物种。[1] 虽然他们被认为灭绝了，但是他们仍然在一些较小范围里存活了下来。

从19世纪30年代起，人们在美国和加拿大就听说了遭遇"大脚怪"以及萨斯科奇人的故事，当年的报道和今天的报道的相似性在于：它们是同一类现象。北美的目击报道主要来自于美国加利福尼亚州、华盛顿州和俄勒冈州，附近的美国其他州和加拿大省区也都有过这种可怕的兽人出现的报道。

美国阿肯色州的一份当地报纸在1851年报道了两个猎人在格林县的遭遇：他们看到一个生物紧追着一群牲畜。猎人对这个生物的描述如

---

[1] 一种富有传奇色彩的生物，已经在68个国家被目击了42 000次。因其发现地域的不同，被冠以雪人、野人、萨斯科奇人、大脚怪、阿尔玛斯人、克什吉克人等众多称呼。据目击者描述，其共同特点是用双脚行走，身上长着淡棕色或淡灰色的长毛，长胳膊短腿，宽面缺额，身高、体形均与人相似。

尼泊尔昆琼寺收藏的雪人头皮。

下:"它很大,全身长满了毛,头发垂至肩膀。这个野人短暂地看了看我们,然后大步逃跑了。它留下的脚印有 33 厘米长。"

这篇报道表达了这样的观点:1811 年整个地区被一次地震毁掉了,这个生物是那次地震中一个精神失常的幸存者。19 世纪初的报道里,人们还把这种生物描述为"野人"。人们认为他们是人类,栖息在森林里,随着时间的推移他们长出了厚厚的皮毛。今天,我们得知回到原始的生活方式是退化的发展,而按照种系发生学的理论,这是完全不可能的。根据这种"逻辑",这些无家可归的人肯定是在一段时间之后长出了厚厚的毛皮。

许多详细的目击报道提供了"大脚怪"和萨斯科奇人特点的信息。很明显他们害怕人类,并且避免前往居民区。然而,有时他们会受到好奇心的驱使,悄悄接近帐篷,在那里乱翻东西。在现代,甚至有人看到他们跳到汽车上并在汽车上摇晃。以前还有报道说,"大脚怪"与萨斯

"大脚怪"出没地区出现的不明生物,有人认为是未成年"大脚怪"。

科奇人在北美农民的田庄和偏远的居民点附近被目击到过,他们为了赶走入侵者而毁掉了淘金者的营地。或许因为在那里他们更容易寻找食物,尤其是在冬天。尽管他们外表野蛮吓人,但是通常没有攻击性。传说他们的同类喜马拉雅雪人会杀家畜,极少数情况下也杀牧人,但是这种神秘物种的北美代表还没有让人类遭受任何伤害。

1852 年
莫农加希拉号的最后一次航行

1852 年 1 月 13 日,莫农加希拉号帆船在太平洋平缓的海浪里摇晃着前行，船员们期盼着风。一阵微风已经预告了风的到来。站在瞭望塔上的水手突然报告距离船左舷半海里的地方出现了一个神秘的东西，水手们立刻从昏睡中惊醒过来。

船长席比义站在甲板上，把望远镜放在自己眼前，注视着被指出的海水区域。他看到一头巨大的动物疯狂地拍打着水面，仿佛在进行一场殊死搏斗。船长认为，如果那是一头鲸鱼，体形一定相当大。为了谨慎起见，他立刻命令将3艘小船放入水中。

水手们划船至离这头动物很近的地方，席比义亲自将一个大鱼叉刺入这头发疯的动物体内。三艘船上的船员都是有经验的捕鲸者，他们奋力地划着桨。不久，一颗3米长的头露出水面并攻击了小船。没多久，两艘小船完全被摧毁了。此时这头巨兽向下潜去，第三艘船的船员成功躲过了攻击。然而席比义的鱼叉还在它身上，与鱼叉相连的绳索被猛烈地拉了出去。

船长成功地接上了另一根绳索。这头未知的动物下潜到300米深时终于安静了下来。这时，鱼叉上的绳索剩余长度只有几米，这头巨兽不是到了海底就是死了。

在这期间，第三艘船行驶到更靠近莫农加希拉号的位置，水手们上船前把绳子固定在了船上。另外一艘船丽贝卡·西姆斯号也在去往美国的新贝德福德的航程中，它靠近并且停在了几链[1]长之外的地方。席比义船长认识这艘船的船长萨默尔·加维特，他登上了这艘船并讲述了自己的经历。两位船长一致同意，为了安全起见，丽贝卡·西姆斯号整晚都待在附近。

第二天早上，席比义迎着风命令所有人，把仍然紧绷着的绳子往上提。绳子末端似乎只挂着一个一动不动的东西。最终，这头巨兽从水里出现了，它已经死了。这条海蛇比35米长的莫农加希拉号还长，身体巨大。据水手们估计，它身子的直径大约为7米。巨大的头在又长又粗的脖子

---

1. 链，航海长度单位，约十分之一海里。

上来回晃动，它的头和鳄鱼的头极为相似。它的身体是暗棕色的，背上有一条 1 米宽的白色条纹。它没有腿也没有鳍，这个生物只能通过身体和 4—5 米长的尾巴运动前进。它的背像鲟的背一样长有驼峰或是节。

把这个巨大的怪物拉到船上并不现实，为了把它像鲸鱼一样解剖，船长席比义命令把它的尸体拉至船边。它的表皮比鲸鱼的表皮硬得多，似乎也没有可以使用的脂肪。于是席比义下令把它巨大的头砍下来，拖到船上并泡在盐水里。它的颌骨里有 94 枚大约 10 厘米长的牙，它的牙齿像蛇牙一样，是钩状的。

席比义在继续航行之前写了一份关于这个事件的详尽的报告，并在出发前把它交给了在返航路上的丽贝卡·西姆斯号船长加维特。这份报告是关于这头稀有猎物仅存的资料。不久之后，莫农加希拉号沉没了，无一人生还。直到多年后，一些碎片才被冲到了阿留申群岛的乌尼马克岛的海岸。

这条捕鲸船是不是被另外一条海蛇跟踪了，并在碰面时沉没了呢？莫农加希拉号的谜团或许将是航海史上永远无法解开的事件。

1853 年
"雪茄"和天上发光的飞盘

如同我在 1808 年那一章讲到过的，UFO 现象绝不是近 65 年来的秘密。20 世纪下半叶，尤其以 1947 年、1954 年和 1965 年 UFO 现象最为突出。与此相同的是，早在 19 世纪时，空中的飞行物体就被频繁地观察到。如同下面的例子所证明的那样，1853 年似乎受到大量 UFO 事件影响。

1853 年 5 月 22 日，一位名叫格雷格的先生观察到三个发光的物体似乎接近了水星。与现代经常被观察到的飞行物一样，这些物体是三个"主要类型"飞行物——第一种是既大且圆的，第二种是雪茄烟形状的，第三种是盘子状的。

1853年7月9日,法国气象学协会报告"天空中有大量红点,像小太阳一样"。10月26日,目击者在凌晨2点观察到了一个巨大的发光的飞盘出现在西西里岛的拉古萨。这个飞行物从东向西运动,并且在两分钟内可见,这排除了它是流星的可能。

19世纪末也深受UFO事件影响,我会在后面再讲到这个时期。这一波巨大的"飞船潮"主要在美国成为了话题。当然,在古老的欧洲,也常有不明物被观察到。

一个女性读者给我写信,告诉我她1881年出生的祖母的经历。事情发生时她的祖母还是个小女孩,她的家乡靠近德国下巴伐利亚州的帕绍市,黄昏时她看到了一头"喷火的龙"着陆。过了一会儿,它起飞时毁坏了一间房子的屋顶。直到1975年去世前,这位女士一直在讲她的这次经历,这件事一定让她的精神非常不安,就像现在经历过这种"可怕遭遇"的人一样。

1854年
与一个亡人愉快地重逢

1854年,年轻的斯通先生为了替他的老板办一件差事,匆忙地穿过一个英国小城的街道。这时他想到了赛马赌博。之前他刚刚下了注。离赛马比赛只有几天时间了,他打算完成任务后去拜访一个朋友,这个朋友是一个赌博方面的老手,他想让这个朋友透露一些获胜概率的信息。

当他沉思着穿过街道时,他看到一个他以前认识的年长的男人。这个人有一个小酒馆,而且是斯通先生父亲的啤酒厂的顾客。年轻的斯通先生常常在他那里收到啤酒订单。这已经是几年前的事情了,并且他们已经很久没有见面了。

这个小酒馆的主人是一个乐观善交际的人，人们都很喜欢他。他的右手手腕上装着一个钢钩，因为他年轻时在一次事故中失去了他的右手。他没有装假肢而是像古时的海盗一样装了一个钢钩，这对他似乎没有什么影响。他说把闹事的醉鬼赶出他的酒馆时，这个钩子更加实用一些。

斯通先生很高兴再次见到他爸爸以前的顾客。他本能地走向了他，以便问候他。这位老人看到这个年轻人时非常和善，他像从前见面时那样用他的左右手抓住了斯通的手。斯通知道这个小酒馆的主人很了解赛马，所以他立刻向他询问他所下的注的获奖概率和以后的赛马时间，并且还做了一些笔记。他们的谈话持续了大约 7 分钟，在分别时两人又握了手。斯通毫不迟疑地继续完成他的差事。因为他遇到了了解赌博的酒馆主人，他要问的事情解决了，于是拜访朋友的计划取消了。

后来，斯通在回家的路上又经过他和店主见面的地方，思考起他们的谈话时吃惊得颤抖。这时他才意识到，这个老人四年前已经去世了，自己还参加了他的葬礼。

然而，他能非常清楚地回想起这个老人与他不期而遇时着装上的所有细节。他头上戴着一顶圆形的毡帽，脖子上围着一条蓝色的带白点的丝质围巾，他穿着的夹克也是他的典型款式，他还戴着他沉甸甸的纯金怀表链。难道这一切都是他自己突然想象出来的吗？

一开始斯通认为他看到了某个与这个故去的老人长得非常相似的人，并和他说了话，但这是不可能的，因为他有独特的外表和引人注目的右臂上的钢钩。斯通认识这个酒馆的主人很多年了，自己非常熟悉他说话的方式和举止。认错人的可能性被完全排除了。也完全不可能是视觉错误，因为这次遭遇是在光天化日之下发生的。他更不可能在精神混沌的状态下自言自语了 7 分钟，如果他真的自言自语，肯定在街上会引来一群人围观。

他越是想自己和这个酒馆主人的不期而遇，就越是确定：自己一定遇到了不同寻常的事，因为所有自然解释都是不合理的。或许有时这种事情真的会发生,类似于"通往另一个事实的门"的事物会出现在我们面前。在这扇门内,我们知道的时间和原因都不再起作用。

1855 年
雪地上的可怕踪迹

1855 年 2 月 7 日,寒冷的夜晚,一个未知的生物从艾克瑟河和提延河位于埃克斯茅斯的入海口爬上了岸,穿过田地来到了英格兰南部德文郡的村庄。这个村庄距离埃克斯茅斯并不远。没有人看到这个未知生物,但是由于前一天晚上雪很大,人们发现了它留下的踪迹。它按直线行进,前进的总路程大约 150 公里,它留下的踪迹遍布庭院、村庄、河渠、田地与森林。它的脚印是小马蹄形的,与驴脚印有些相似,但长度不超过 5—7 厘米,步幅不超过 20 厘米。

当然地球上不存在只走直线的驴,况且房顶和墙壁都不是它的阻碍。即使是一大批爱开玩笑的人和伪造者也无法做到在日落和日出之间在雪里制造出大量痕迹。1855 年 2 月 16 日出版的《泰晤士报》对该

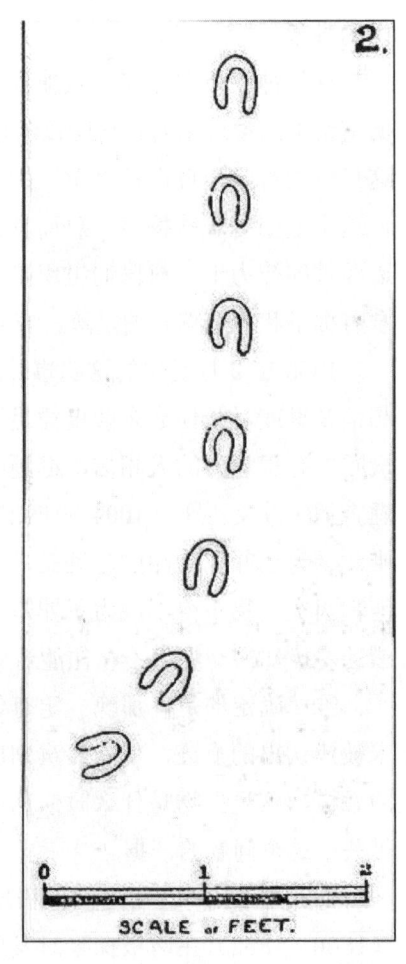

《伦敦新闻画报》报道该起事件时刊载的插图。

事件做了报道："大量的奇怪形状脚印及其神秘的来源，在托普瑟姆、莱姆斯通、埃克斯茅斯、提延茅斯和德力士引起了巨大的不安。当地居民中迷信的人甚至相信这些痕迹是魔鬼的足迹。各阶层的居民都非常不安，导致这个话题在星期天的弥撒上也被提到了。星期天的晚上，埃克塞特和德文郡地区下了很大的雪。第二天，埃克塞特和德文郡的居民们发现了神秘动物的足迹。无法轻易到达的地方也能看到这些脚印，例如房顶上、狭长的墙上、后院和花园里。莱姆斯通没有一个花园里没有这样的脚印。"

这位神秘访客可能是双腿行走的生物，而不是四腿行走的生物。根据它留下的痕迹来看，它应该溜进了不同的人家，然后又出来了。此外，这只生物肯定一直在行进中，因为人们没有找到它休息留下的证据。这使这个谜团更难被揭穿。总而言之，许多当地居民害怕出门。在神秘足迹经过的德力士，村民们组织了一次针对这位可怕的客人的狩猎。他们拿着棍子和枪追踪它的足迹，直到狂吠的狗也害怕得竖着毛退出森林。

1855年2月发生的这起事件距今已有150多年了，今天的人们还会相信是谁或者是什么东西仅凭足迹就使几乎整个英格兰南部海滨陷入恐慌吗？有想象力的人相信，谜题的答案已经揭晓了。例如英国动物学家理查德·欧文爵士（1804—1892），他把这些足迹归为獾的足迹。也有推测认为这些像蹄印的足迹是鸟的爪子抓过冰而产生的，甚至老鼠和其他啮齿类动物不得不成为了罪魁祸首。但是，所有解释都逐渐被认为是错的，已知的动物中不存在能造成该现象的物种。

唯一确定的是，那晚一定有什么东西在数公里的范围内留下了无数未被辨认出的痕迹，使能够辨别出獾和老鼠足迹的当地居民陷入了彻底的恐慌。这只生物是什么时候从海里出来的？或许，世界的另一头能提供关于这个问题的证据。

1839年到1843年之间，极地研究学家詹姆斯·克拉克·罗斯爵士（1800—1862）在南极探险时发现了维多利亚地。在一次研究之旅中，他停留在只有海豹和海鸟居住的荒芜之岛。他在那里发现了神秘的脚印，这些脚印和 1855 年出现在德文郡的脚印非常相似。然而，这些神秘脚印的来源或许永远都将是一个谜。

1856 年
离开了坟墓的亡人

帕尔城位于开普敦的东北方向，是南非著名的葡萄产地，它因在旭日下像珍珠一样发亮的"珍珠山"而得名。帕尔现有 20 万居民，是开普敦省的第二大城市。

1956 年，在今天的帕尔山后山，一群来自开普敦的年轻人在野餐时发现了一个特别的东西——一块精致的黑色大理石墓碑，碑上刻着这样的话："纪念约翰·葛布哈特。愿他安息。"为什么这块孤独的墓碑流落到了帕尔山荒野？它是以优雅的方式被"清除"了，还是被人蓄意破坏的？

以上两种猜想都不对，这块石碑与一个难以描述的奇异故事有关。差不多 100 年前的这一天，这个故事发生在帕尔。早在 19 世纪中叶，这个格外悲哀的故事就引起过混乱和惊愕。

1856 年 11 月，一个晴朗的早上，帕尔监狱的狱长进入了约翰·葛布哈特的牢房，迫使死刑犯面对他人生最后的仪式。据说这位囚犯因贪婪而杀害了法国农场主皮埃尔·维利尔斯，虽然到最后他都宣称自己是清白的，但是还是被判有罪。他只能等待被绞死。狱长再一次宣读了死刑判决，并问葛布哈特是否还有什么要说。他简短地回答说："是的，我是清白的！"他还告诉在场的牧师："神父，请您不要浪费时间了。你们可以毁灭我的身体，但不能毁灭我的灵魂。你们永远无法保留我的身体。"

在这之后，约翰·葛布哈特镇定地走上了绞刑架。刽子手往他头上套上黑色的罩子时，他再次抗议说："没有任何坟墓和棺材能够装下我，因为我是冤死的！"刽子手在犯人的头上套上了一个绳套，把它拉紧，专业地把这个绳结推到了葛布哈特右耳后一个特定的地方。然后他拉了一个操纵杆，活板门向下翻动，随着一声可怕而低沉的响声，葛布哈特的脖子被他身体的重量折断了。

狱长不信邪，他认为犯人的朋友可能会尝试偷走他的尸体，于是他很在意这次葬礼。绞刑两个小时之后按规定进行了医学检查，约翰·葛布哈特被官方宣布死亡。人们把他的遗骸放进了一副简单的黑色棺材，棺材的盖子不仅被钉紧了，还被封得严严实实。在严格的监督下，人们把这口棺材运到了监狱的墓地。这个墓地位于帕尔山脉边的小山上。约翰·葛布哈特的坟墓上修了一个石冢，并且武装士兵在两个月里日夜看守，任何人都无法接近这个坟墓。期间没有任何特殊情况发生。

在约翰·葛布哈特被执行绞刑后的八个月，杀死农场主的真凶被抓获了。有人在克内希特·彼得·劳伦斯家发现了受害者的钱包，警察搜查劳伦斯的床铺时找到了被害人的表和戒指。克内希特·彼得·劳伦斯在对葛布哈特的诉讼案里是主要的证人。在证据的巨大压力下，劳伦斯承认他一开始就把谋杀的罪名嫁祸给了葛布哈特。正义终于得到了伸张，即使来得很迟。

冤死的人被官方宣布平反前，开普敦省的最高长官命令把葛布哈特的尸体挖出并进行尸检，以便能把他安葬在圣地。他的母亲陪同官员和负责重新安葬的工人一同来到墓地。工人铲平了石冢，挖出填土，把还没有腐烂的棺材抬了出来。棺材的重量令他们诧异。最后当他们拔出钉子，打开密封完好的棺材时，他们惊讶地发现棺材是空的。

现场陷入了一片恐慌，毕竟一个被绞死的人的遗骸失踪了，而且他是因为错判受屈而死的。最高长官在为难的情况下下令打开旁边的棺材，其他尸体都在，唯独约翰·葛布哈特的尸体不见了。其后几年中，所有监狱墓地都被随机检查了，然而这个谜团直到今天都还没有被查清。

恰巧100年之后，这些年轻人在开普敦市附近找到了这块石碑。只有这块墓碑能让人们想起这个死者。这听起来可能非常不可思议——他逃出了坟墓。这块石碑被送到了帕尔的博物馆，被安放在奥达·帕斯托里馆。该馆是以曾经的神父的名字命名的，这块石碑今天还安放在该馆的展室内。这个处于现实边缘地带的事件实在是让人难以置信，它的古怪程度几乎无法被超越。见证了此事的石碑上面沾满了尘土，被毫不重视地放在了角落里。

葛布哈特失踪的尸体去了哪里？我们可以用上无尽的想象力。难道极为复杂的感觉，例如绝望、愤怒和对不公正的无能为力，能在一个人死后控制他，并让他消失到未知世界吗？

1857 年
阿凯格湖的水怪

从航海时代开始以来，"巨兽"不仅在宽阔的大洋里被目击，被记载在航海日志里，这种神秘的生物似乎也栖息在某些国家的内陆水域。它们至今仍不属于任何动物分类，因为大多数动物学家拒绝承认它们的

著名的尼斯湖水怪照片。

存在。

斯堪的纳维亚半岛的人们总谈论着一个未知的物种，偶尔在当地的湖里能看到。在北美，尤其是在加拿大，各种"淡水水怪"骚扰着一些较大的水域，例如欧肯那根湖、马尼托巴湖和锡姆科湖。我们也熟悉类似的故事，在爱尔兰的湖泊里住着"水怪"或是"水马"，当然还包括苏格兰的高地湖泊。

首先是位于格伦多谷的尼斯湖。这个长达36公里的湖有大量湖中巨兽被目击的记载。尼斯湖水怪第一次被目击是在565年。爱尔兰传教士圣高隆邦的一个学生游泳去湖对面帮老师拖船，突然一个可怕的"张着嘴大声吼叫"的生物出现在湖面。圣阿德曼在7世纪给这个被宣布为圣徒的传教士写了传记。圣阿德曼在高隆邦的传记中写道，多亏了圣高隆邦的祈祷，这个见习修士才没有被那头巨兽吃掉。

尼斯湖绝不是苏格兰唯一一片以未知生物被目击而出名的水域，尽管它绝对是最有名的。阿凯格湖位于苏格兰西北部的高原，长18公里，正好是尼斯湖的一半。19世纪几乎没有神秘的水中巨兽在这苏格兰高原被目击的消息。英国贵族马姆斯伯里勋爵在他的《一位前任部长的回忆录》中描写了他的马车夫约翰·斯图尔特1857年10月3日一次打猎中的遭遇："我的马车夫和他的伙计今天早上向我报告了一头生活在阿凯格湖里的特殊动物。他们说这头水怪有马一样的外形。它应该是人们不时在报纸上读到过的动物，经常可以在高地的湖泊里观察到。我的马车夫在阿克那卡利看到了这头动物，两次都是在旭日初升的时候，那时的湖面平滑如镜。他看到这头动物的头从水里伸出来，也看到了它身体的后面部分，它身体的后面部分与鱼和海豹不同，与马的背相似。"

阿凯格湖以西的莫拉湖里也有一头水中巨兽。阿凯格湖事件发生的六年后，苏格兰最东北部，瑟索市和威克市之间的沃滕湖岸边，发生了一个真正的悲剧。

1924年4月21日，刚退休的特林布上校和他的西班牙猎犬布鲁斯在沃滕湖岸边属于他的土地上散步。周围的农民多次告诉他湖里有一条

"巨大的蛇",然而他从来没有相信过这些故事。但是这一天,一头巨兽突然从水里出现在这位上校面前,近距离地盯着他。巨兽长长的脖子上长着一颗很小的头。上校的狗大叫着跳进了湖里,这个怪物立刻潜入了水中。随后狗安然无恙地回来了。

这时上校埋伏了起来,布鲁斯一直陪伴着他,他只看到平静的湖面上偶尔有一些动静。然而5月1日,一个意外发生了。这条狗在离湖岸比较远的地方游泳时湖水突然上涌,之后什么东西都没有出现,然而这条西班牙猎犬再也没有回来。特林布上校的邻居,一位名叫马克阿蒂施的教授见证了可怕的这一幕。

上校不甘心失去他的狗,他打算报仇。他在杀马的人那里买了一大块马肉,用这些马肉做了很多诱饵。然后他找来一条小船,划到沃滕湖上,把挂在钩子上的大块马肉扔了出去。这些诱饵都被固定在鱼漂上。

一连三天什么都没有发生。5月4日晚上,上校又一次来到湖边检查他的诱饵。当时接近21点30分,天已经完全黑了,突然他的妻子听到了呼喊声。她不安地跑到大约100米外的园丁的家里,和园丁一起去了河岸。在那里他们发现了特林布,他躺在湖边大约半米深的芦苇丛里,他死了——一枚长长的钢钩插进了他的胸口,这个钢钩仍然被绳子固定在一个鱼漂上。

这场悲剧发生后,周围的人都不敢在暮色降临后去沃滕湖边了。

1858
卢尔德的幻象

卢尔德位于法国西南部的上比利牛斯省,是最著名的罗马天主教朝圣地之一。每年有数百万朝圣者拜访此地。大量病人慕名而来,因为这个地方被认为有神奇的治疗作用。

1858年2月11日至7月16日之间的夜间，时年14岁的伯尔纳德·苏比鲁（1843—1879）前后总共经历了80次幻象。幻象中一个发光的女人对苏比鲁说自己是"圣灵感孕的玛利亚"。这个幻象向这个女孩指出一处沾满污泥的泉水，告诉她这里的水能治病，可以用来饮用和洗澡。此外，这个幻象还告诉她只有祈祷和忏悔才能对人类的恢复有帮助。

尽管圣母的幻象对泉水的治疗作用只字未提，但是截至1858年3月，管辖卢尔德的主教上报了3起神奇治疗的记录。不仅如此，对该事件详细调查后，教会毫不犹豫地宣布圣母幻象是真实的，并且这个泉水流出的洞穴被建成了朝圣用的小教堂。尽管教会还在继续努力搜集治疗有效的证据，但是这些传言已经传开了。朝圣者队伍迅速壮大，一时间朝圣者云集此地。其中很多人希望能治好药物无法治愈的残疾。

1870年，这个朝圣小教堂升格成了大教堂。1933年，伯尔纳德·苏比鲁被宣布为圣徒。随着时间推移，涌向卢尔德的人群日益壮大。为了安置大量的朝圣者，人们用混凝土修建了一个新的地下礼拜堂。玛利亚的幻象出现的第100年，即1958年，这个拥有2万个座位的礼拜堂首次投入使用，它是全世界最大的教堂之一。

1858年以来，罗马天主教廷总共承认了36起治愈事件为"奇迹"，其中仅在1858年就有8次。虽然如此，对泉水的检测结果表明，信徒喝的泉水和沐浴的泉水中没有特殊的化学物。这些少数案例正在经受严格的检测。要被承认为奇迹，一次治愈必须满足一系列要求：首先，

伯尔纳德·苏比鲁。

应具备医生检查的证据，如今应包括 X 射线照相和化学分析；其次，病人所患的病必须对他的身体有影响，病症和损伤必须是在"神的影响"后几小时内消失的；最后，改善或是治愈不能是暂时性的，必须是持久的。

医生对病人的医治导致的治愈应该被排除在外，当所有条件满足时，两个委员会会研究这些结果。第一个委员会是医生组成的，其中大多数人宣布这些治愈是真实的；另一个委员会是由塔布和卢尔德的教会组成的，他们多年之后再次检查了这些事件。当治愈再一次被宣布真实时，相关的消息传到了这个教区的主教那里，而且有的被治愈的病人就生活在这个教区。梵蒂冈的宗教委员会后来同样宣布治愈事件是神的干涉时，它们就被视为奇迹。

此外，有些治愈也有其他解释。例如有不同的症状的神经机能病患者很容易受到影响，并且可以通过催眠术被治愈。现在每个医生都知道，瘫痪、耳聋和失明等疾病可能是心理障碍造成的。一些这样的疾病会自行消失。然而，当病人患上了癌症这样不可治愈的疾病情况又会怎么样呢？自 1858 年以来，只有两例癌症治愈事件被承认。致命的疾病自行消失时，医院的临床治疗中却只有"自动缓解"的报告。

尽管大量奇迹般的治愈并未被承认，但是无数朝圣者仍旧涌向卢尔德。他们在人满为患的卢尔德耐心地忍受着拥挤，这个地方不像一个圣地，更像一个集市。事实上，他们中只有很少人期望可以被治愈，大多数人为了继续承受疼痛和疾病，只是在寻求安慰和他们急需的力量。

1859 年
武尔坎星在哪儿？

法国乡村医生勒卡尔博在离巴黎 100 公里远的博克地区的奥尔热雷行医。行医之外，他还是个业余天文学家。1859 年 3 月 26 日，他用望远镜观察太阳时,他突然成为了戏剧性一幕的目击者。他看到日轮的左上边缘出现了一个暗点,然后这个暗点逐渐向下方消失了。这位医生着迷地观察着这个现象。即便只是业余天文学家,他也知道太阳黑子的表现与这个黑点不一样,勒卡尔博确定他发现了一颗未知的行星。

这个黑点一定是太阳和地球之间的一颗行星的轮廓。它既不是金星也不是水星,因为在太阳系中它们比地球更接近太阳。此外,这个未知的天体比水星运行得更快,而且似乎公转轨道更小。这颗行星表面一定非常炎热,于是这位医生以罗马火神的名字为它命名——"武尔坎努斯",或者又叫作"武尔坎"。

这次发现出人意料。那个时代最重要的天文学家奥本·勒维耶(1811—1877)在 20 年前就预言了一颗离太阳更近的行星的存在。他研究了每一个行星对其他行星公转轨道的引力,同时还偶然发现了水星奇特的偏离。与其他行星的圆形的公转轨道不同,水星的公转轨道是椭圆形的。它的长轴围绕着太阳运转,好像其他行星会吸引它似的。简言之,水星的公转轨道会自己运动。勒维耶进行更深入的计算后,他得出结论:另一颗未知的行星造成了水星的公转轨道不断运动。

这位乡村医生在 1859 年 3 月 26 日偶然发现太阳上的这个暗点时,

勒卡尔博的观象台。

勒维耶的观点似乎能够被证实了。这名伟大的天文学家拜访了这位医生，以便把自己的计算与医生的计算比较。根据已知的所有信息，奥本·勒维耶确定武尔坎星与太阳的平均距离为2105.2万公里，大约是水星与太阳距离的三分之一，是地球与太阳距离的七分之一。他计算出的它的公转时间是19天17小时。此外，武尔坎星的轨道被水星轨道所掩盖，所以它不是每次公转都能和太阳相交。

根据勒维耶的计算，这颗新行星应该会在1860年3月或4月再次出现在太阳前。许多天文学家这两个月都守在望远镜前，然而什么也没出现。直到1862年3月，这颗"新行星"又再次出现了。来自英国曼彻斯特的业余天文学家拉米斯观测到了一个与太阳相交的黑点。得益于这次观测，它的运行轨道和运行时间可以被更精确地计算：它与太阳的距离被更正为2120.1万公里，公转时间被更正为19天22小时。勒维耶的计算与这个结果差别很小。

勒维耶1877年去世，之后他受到同行的言语攻击，名誉扫地。1878年7月29日，两个有经验的天文学家在观测美国上空的日食时注意到了太阳旁边的这颗新行星。沃森教授是美国密歇根州安阿伯市天文台的负责人，而刘易斯·史密斯是一位发现了许多彗星的业余天文学家。他们两个一致描述武尔坎星是红色的。沃森不仅看到了像恒星发出的光，而且清晰地看到了一个圆盘，这个圆盘意味着一颗行星的存在。他们毫不犹豫地确定我们的太阳系里存在一颗新行星。

然而事情起了变化。1880年沃森去世时，天文界还确信，这颗被误认为是新行星的天体应该是一颗叫作"鬼宿一"的行星。然而，1880年后，再也没有天文学家看到过这颗神秘的行星了。著名的物理学家阿尔伯特·爱因斯坦（1879—1955）后来也证实，没有其他行星对水星轨道有干扰。

但是，许多谨慎的天文学家和研究者多年来在太阳前观察到的黑点到底是什么呢？

1860 年
凭空消失的哨兵

　　古巴东南部的圣胡安附近的绝壁上有一座瞭望塔，150 年前就没有人敢进入这个破败的瞭望塔了。当年为了建造它，人们拆除了一座旧庙宇，用庙宇的石块作为廉价的建筑材料。工人们知道此事时纷纷罢工以示抗议，他们害怕因为亵渎庙宇而遭到厄运。此后，士兵被雇来继续建造这座瞭望塔。

　　1860 年 2 月的一个晚上，第一个哨兵进入了这座瞭望塔。他在履行职务几个小时之后，害怕得几乎发疯似的蹲在灌木丛中。被问讯时，他说一个看不见的恶毒的生物整晚都在观察他，而且像影子一样一直跟着他。

　　第二天晚上，另一个士兵被派去站岗。他甚至坚决地拒绝了上级指派别的战友来协助他的提议。第二天早上，轮岗的士兵发现他的步枪平放在瞭望塔外，并且有开过枪的痕迹。人们再也没有看见过他。在接下来的几周，六个步兵同样毫无痕迹地消失了。他们在消失之前也同样开过枪。

圣胡安的"魔鬼塔楼"。

这座建筑里发生了奇怪事情的传言像野火一般蔓延开了。士兵即使受纪律处分也不愿意去那里站岗了。因此，马诺洛·赫雷斯上尉从附近的驻防城市曼萨尼罗被派到了圣胡安。1860 年，他毫不犹豫地去了那个可怕的地方，在那里上任并开始了他的调查。

赫雷斯上尉在给上级的第一份报告里写道，除了一股淡淡的火药味之外，什么异常现象都没发现。他想迅速解决这件讨厌的事，于是召集了一支由低级军官组成的队伍，连续六个晚上在瞭望塔附近的一个小树林里站岗。这段时间什么都没有发生，于是普通士兵再次被派到瞭望塔上执勤。赫雷斯要返回曼萨尼罗之前的晚上，他决定再次在离塔很近的地方观察一晚。他和一个二等兵以及两个下士在树下搭了一个营地，他们每隔两小时换一次岗。接近凌晨 3 点时，赫雷斯上尉清醒地坐在帐篷前，他注意到一个哨兵进入了塔中。在白昼一般明亮的月光下，他看清楚了他的所有动作。上尉突然看到有东西从黑暗中飘到这个哨兵背后，跟着他进了塔里。后来，他在报告里把这个东西描述为"黑色的点"。

在能够警告他的士兵之前，他看到塔里有模糊的灯光，他立刻变得非常紧张。塔渐渐被完全照亮，通过一个窗户，他看到这个哨兵以奇怪的姿势抱膝而坐。紧接着是一声低沉的响声，然后灯光熄灭了。当赫雷斯上尉和其他士兵来到事发地点时，除了空气中一股淡淡的火药味之外，找不到这个哨兵的任何踪迹。

后来四个证人都提交了详细报告，报告表示这个哨兵一直处于目击者的视野范围内，如果他离开瞭望塔不可能不被发现，并且他也不可能通过瞭望塔的小窗户爬出来。最终这个失踪的哨兵被官方宣布死亡，军队从此放弃了这座瞭望塔。多年之后，在距离瞭望塔 800 米远的地方建起了一个活动岗哨。然而，这些传言并没有沉寂，一直都有关于不寻常的发光和低沉的爆炸的传言出现。即使在今天，这个神秘事件依旧发挥着影响：古巴空军计划建一个雷达站，需要拆除这座旧塔。像 150 年前一样，工人们再次拒绝了。因此，这个计划被放弃了。那座旧瞭望塔是无法解释的可怕事件的发生地，至今它还矗立在那里，被慢慢风化。

1861 年
与巨型乌贼的海战

事情发生在 1861 年 10 月 30 日，天气晴朗。法国炮舰阿莱克顿号以 120 海里的速度在平静的海域驶向东北方加那利群岛[1]的特纳利夫岛。忽然，瞭望塔里哨兵的喊声打破了平静，他看到了一个巨大的身体，一部分在水下，一部分漂在水上。为了看清这个物体，船长立刻下令减速并靠近。那是一只巨大的砖红色的乌贼。这只不同寻常的生物身体大约有 6 米长，触须至少也有 6 米长。据船长估计，这头巨兽至少有两吨重。它浮出水面来，肯定是活着的。

这位船长非常清楚，如此巨大的乌贼是否存在一定有争议。虽然 1847 年和 1854 年有两只不完整的死亡样本被冲到丹麦海边，然而只有很少的动物学家当时想到了未知物种存在的可能性，尤其是它还有出人意料的可怕的体积。因此，一个活体样本为平息所有争议带来了前所未有的机会。

由于阿莱克顿号是一艘武装的战船，于是船长决定朝这头动物开火。他们发射了许多加农炮弹，还用大鱼叉刺向它。最开始他们好像并没有伤害到这只乌贼柔软的肌肉。此外，它并没有特别受到阿莱克顿号的敌意行为影响，它多次潜入水下，然后又再次浮出水面。

三个小时的"海战"后，一枚加农炮弹肯定对乌贼造成了致命伤，它严重出血，红色的泡沫漂到了水面上。不久之后，一个水手成功地将一根有套索的绳子扔到了这头垂死挣扎的动物身上。当人们想把它拉到甲板上时，那根绳子却完全切断了它的身体。绳子把它的头和触须切断开来，保留下来的下半部分虽然被拉到了船上，但是很快就腐烂了，人们不得不再次把它扔到海里，非常可惜。阿莱克顿号就这样回到了法国，

---

1. 加那利群岛，大西洋中七个火山岛组成的群岛，位于非洲西北海岸外。群岛属于西班牙，是西班牙的自治区之一。

1884年，哈珀·李在伦敦出版《海怪真相》一书，书中描述了阿莱克顿号捕捉巨型乌贼的故事。

没有带回有说服力的证据,而它原本是可以改变动物学家原先的观点的。

幸运的是,类似这样的遭遇是少数。章鱼、乌贼和墨鱼常常会遇到另一个敌人——鲸鱼。它们总会和鲸鱼展开殊死搏斗,这两种巨兽间的搏斗常常发生在 700 至 1200 米的深海。捕鲸船报告说,他们在捕捉到的抹香鲸身上发现了吸附造成的痕迹,这些痕迹直径有半米长。一些鲸鱼在殊死搏斗时吐出了胃里的一些东西。部分触须露了出来,它们的厚度远超过一个成年人的胸腔。

1862 年
巨人的指环

丹麦人奥雷·奥尔森是一个年轻的水手,1862 年他受雇于小帆船克里斯蒂娜号。他觉得家乡的生活有些单调,他希望借此可以了解更广阔的世界。克里斯蒂娜号航行的路线从丹麦向南穿过大西洋,再经过好望角,最后穿过印度洋到达印度。然而,不利的天气使这艘船无法到达预定目的地。

在前往目的地的路上,浓密的乌云不时从印度洋上升起。强烈的风暴一直猛烈地袭击着克里斯蒂娜号。这艘小帆船被冲来冲去,最终撞到了一座小岛的岩石上。船断裂开来,几分钟之内就沉没了。

包括奥雷·奥尔森在内的几个幸存者抓住岩石并且爬了上去。他们虽然逃过了被淹死的厄运,最初得救的喜悦却因为残酷的事实消散了。他们发现这个贫瘠的岛屿是由光秃秃的岩石组成的,岛上什么都不长,既没有吃的也没有喝的。唯一确定的是,如果没有一艘船沿着这条航线行驶并发现他们,他们肯定会不幸饿死或者渴死。

奥雷·奥尔森没能说出他们在这堆偏僻的岩石上忍耐了多久,因为一艘巨大的"船"突然凭空出现。但它不是出现在海里,而是从天上飞向他们。这艘"船"的确是从云里落下来的，它在最后时刻转向，冒着烟撞到了这座岛屿几百米外的礁石上。

稍微平复了一下受惊的心情后，他们爬向了这艘船的残骸。它完全毁坏了，并且还在燃烧，一部分已经滑到了水里。他们看到的景象非常可怕，这艘从空中飞下来的船的所有乘客都死了，然而他们并不是人类。这些生物大约4米高，皮肤是黄铜色的。这些巨人的衣服都是同一个样式，这种样式他们之前从未见过。其中一个幸存者看到这一切之后感到非常害怕，以至于他转身跳进了海里。他的尸体没有被找到。

年轻的水手奥尔森和其他的幸存者很快开始研究这艘怪船的残骸。他们在里面发现了巨大的工具，普通体形的人根本不能使用它们。他们还发现了金属箱子和他们不认识的食物。正是这些奇怪的"太空食品"使他们幸存下来。

克里斯蒂娜号的水手们利用这艘船的残骸制作了一个小筏子，他们乘着这个筏子回到了宽阔的海洋。此外，他们每个人还随身带了一个他们认为有一定价值的纪念物。奥雷·奥尔森从一个巨人的手指上拿了一枚指环，它是由一种未知的金属和两块发出火焰般红光的石头制成的。

他们离开了这座岩石岛，把自己的命运交给了风浪。

没有人能说清楚他们在海上漂了多久。半路上，又有两个水手死去了。最后，他们被一艘驶向澳大利亚的俄国货船救到了甲板上。

奥雷·奥尔森后来移民去了美国。几十年后，他把自己的经历透露给了得克萨斯州的刊物《休斯敦邮报》。在这期间，他带着这个改变了他厄运的指环见了不同的宝石匠，却没有人能辨认出戒指所使用的金属和石头。当奥雷·奥尔森把这个神秘的饰物作为他的难以置信的故事的证据展示给《休斯敦邮报》的编辑看，他们也未能辨认出。奥雷·奥尔森在20世纪初去世时，人类的知识还无法解释这个巨人的指环所用的材料究竟是什么。

1863 年
食尸的兀鹫

你可以想象生物能把它们学到的东西持久地保存在基因里,使它们的后代在几代之后仍旧从中受益吗?行为研究学者已经讨论这个问题很多年了。人们可能会反驳,多年以来无数刺猬丧命于车轮之下,但是刺猬没有改变它们的行为,使之符合现代交通的要求。

葛底斯堡是美国宾夕法尼亚州的一座小城,它是美国历史上一个关键的地方。1863 年 7 月 1 日至 3 日,这里发生了可能是美国南北战争中最血腥的一场战役[1],罗伯特·李将军领导的联盟国[2]失败了。此役给北方州带来了有利的转折。这场战役也是一场史无前例的大屠杀:长达三天的战斗之后,双方数千匹死亡的战马和超过 50 万死亡或重伤的士兵躺在战场上。流经战场的布拉姆罗恩河在流入萨斯奎汉纳河之前就被阵亡士兵的血染红了。北方州和南方州之间相互残杀,兀鹫"坐收渔利"。对它们来说,尸横遍野的战场遍地都是食物。

李将军的失败早已成为历史,然而食腐的鸟儿们每年仍旧会回到葛底斯堡。它们已经这样做了接近 150 年。哈罗德·J. 格林利是绿地和疗养地专家,他根据数十年的观察得出了这一结论。他和宾夕法尼亚大学的学生以及弗吉尼亚州的理工学院一起研究兀鹫的飞行运动,并尝试从内战时期的旧文件中找出更多关于兀鹫出现在战场的信息。

格林利和他的大学生助手们发现,兀鹫通常降落在"小圆顶"和"大圆顶"之上。它们是两座小山,当年最血腥的战斗就在那里展开。格林利认为兀鹫在找到大量"战利品"后,它们会停在那里而后再飞回去。兀鹫的寿命是有限的,葛底斯堡战役后兀鹫已经繁殖了很多代。现在,

---

1. 即葛底斯堡战役,发生在 1863 年 7 月 1 日至 7 月 3 日,美国南北战争中最著名的一次战役,通常被认为是美国内战的转折点。
2. 联盟国全称为"美利坚联盟国",或称"邦联",是美国南北战争中南方 11 个蓄奴州联合起来,宣布从美利坚合众国分裂出去的短暂存在于 1861—1965 年的政权。

这片区域附近还生活着 900 只兀鹫。1895 年，这片区域被宣布为"战争国家公园"。

1864 年
无法被暗算的同行

1865 年结束的南北战争造成了美国南方州和北方州之间的鸿沟。那时，一个叫萨默埃尔·董贝的挖墓人定居在新奥尔良。这个曾经的奴隶遭到了同行的憎恨，因为在他们眼里他的要价太低了。当然，种族主义起了最大的作用。其他人企图用暴力解决此事，而且为此还雇佣了"魔术师" 医生博勒加德。他们付给他 50 美元，让他对这个不受欢迎的竞争者施以有效的咒语。

第二天，萨莫埃尔·董贝在墓地里干活的时候突然听到一声爆炸。几秒之后，一个被熏黑了的浑身流血的人从附近的灌木丛中跌跌撞撞地走了出来。这位"魔术师" 医生博勒加德原本计划用霰弹枪攻击董贝，然而他在装弹时估计错误，枪在这位道德败坏的魔术师手里爆炸了，他缠着厚厚的绷带度过了几周。

博勒加德外行的做法并不是对董贝唯一的袭击。不过，这个黑皮肤的人似乎毫发无损。在这次因枪支过量装药而失败的行动后，其他的挖墓人决定自己亲手来做这件事情。董贝睡觉时，他们把一个装满火药的小桶放在了董贝工具房里的床下面，并且点燃了引线。紧接着的爆炸虽然把这个小屋炸得只剩下了墙基，董贝也被炸到了几米之外，但是他又安然无恙地爬了起来。

当地的挖墓人兼黑手党并没有这么快就放弃他们的阴谋。这次爆炸后不久，这个不受欢迎的竞争者被劫持了，手脚被绑着扔进了庞恰特雷恩湖。幸运的是，他在最后时刻挣脱了，并且游到了岸上。他的敌人紧接着烧掉了他的房子。当他获救之后，他们手持双管猎枪等候他。消防员火速赶往事发现场，并把董贝送到了医院。他在那里没多久就完全从枪伤中恢复了。

袭击仍在继续，然而，这些嫉妒的挖墓人从来没有成功地杀掉这个"刀枪不入的萨莫"。直到有一天，出于一个乏味的原因，这些攻击终于停止了——萨莫埃尔·董贝从所有尝试杀死他的袭击中活了下来。最终，他在98岁高龄时自然死亡。他像最坚韧的长跑运动员一样不可被战胜，他在"生命的比赛"中轻松地将所有的对手甩在了身后。

1865 年
林肯的死亡之梦

下面的故事与所涉及的人物我们在别处已经提到过。更确切地说，他与一系列难以置信的非正常死亡事件有关，这一系列事件140年以来一直发生在美国总统身上。

第16任美国总统亚伯拉罕·林肯因废除奴隶制而永载史册。1865年3月23日的晚上，他邀请亲密的朋友来白宫吃晚饭。这位总统像前一天一样格外安静，好像有什么事情使他心情非常压抑。客人们也许意识到了这一点，但是没人敢询问，直到林肯自己打破了沉默。"我梦到了非常恐怖的事情，它让我非常不安，"他含糊地说道。而当客人们要求他继续讲下去时，他的声音变小了，言语也支吾起来。他目光呆滞地讲了是什么事情使他心情沉重。

两天前，3月21日，这位总统工作了很长时间，很晚才筋疲力尽地上床睡觉。突然，他梦到了那个很多天以来让他非常不安的梦——他梦到他的身边非常安静，许多人在哭泣，但他只能听到强忍着的抽泣声。他不安地站起身，从卧室出来，顺着楼梯向下，去了白宫的会议室。在

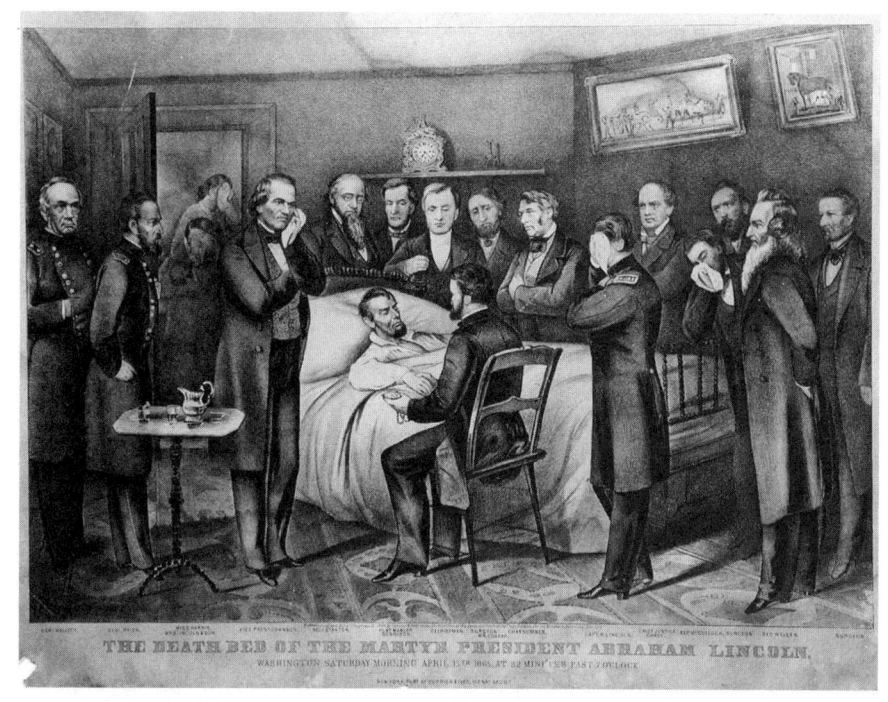

《林肯总统临终之时》（1865年），作者詹姆士·M.艾伍兹、纳桑尼尔·卡瑞尔。

那里，他也听到了含泪的声音，却看不到任何人。他非常吃惊，继续快速地穿过几个大厅，最终来到了那个窗户朝东开的房间。当他环顾噩梦中的这个房间时，他的目光落到了一口士兵正护卫着的棺材上。哭泣的人正围着它，并且它还开着。当他询问是谁死了时，他得到的答案是："是总统。他被谋杀了。"他浑身是汗，立刻惊醒了。

客人们徒劳地安慰着亚伯拉罕·林肯。他的老朋友瓦德·希尔·拉蒙好心地安慰说："梦只是泡影。"但是也不起作用。在这个压抑的晚上，这桌客人很快就散了。

几天后，似乎这一切都被遗忘了。1865年4月3日，北方军占领了弗吉尼亚州的里士满，南方州被打败，接受无条件投降，林肯在黑人居民激动的欢呼声中进入曾经的"美利坚联盟国"的首都——亚拉巴马州的蒙哥马利。

《刺杀林肯总统》，原载《哈珀周刊》1865年4月29日。

他取得了伟大的成就，然而命中注定的1865年4月14日依旧到来了。

这天晚上，为了看喜剧《美国侄子》，林肯在夫人的陪同下去了华盛顿的福特剧院。总统和第一夫人坐在贵宾包厢，几个便衣警察负责保卫。自从战胜南方州以来，林肯树立了危险的政敌，他们企图谋害他。

戏剧开演时灯熄灭了，这时大厅里突然发出一声枪响。害怕和恐惧引发的叫喊声响彻整个剧院。人们冲到总统包厢时，眼前是一片恐怖的景象：亚伯拉罕·林肯因被子弹击中了要害，倒在地上。恐慌快速蔓延。一开始行刺者成功地逃跑了，后来他被拦住，直到被一颗警察的子弹击中才被制服。行刺者是失业的戏剧演员约翰·威尔克斯·布斯，他是南方州的狂热支持者，同时也是总统政策的死敌。

几天后，亚伯拉罕·林肯梦里预言的景象全部出现了。被谋杀的总统的遗体被放在白宫东面的房间里，一个开着的石棺内，被悲伤的人们包围着。三周前令他震惊的预感并没有挽救他的命运。如我们已经了解的一样，这件事确实和一系列难以置信的总统死亡事件有关。

1866 年
昏迷中的一生

昏迷状态持续最久的一起事件发生在一个名叫莫莉·范切尔的年轻女孩身上。难以置信的是，她在昏迷状态中生活了 46 年，并在这段时间内获得了特异功能。

莫莉·范切尔和她的父母住在纽约市的布鲁克林区。24 岁之前，她都是一个非常健康的普通年轻女性。1866 年 2 月 3 日上午 10 点左右，她痛苦地表示自己不舒服而且头晕。她在母亲面前失去知觉，倒在了地上。立刻赶来的家庭医生施皮尔只能确定莫莉处于"醒态昏迷"状态。虽然她不能动，但是能在闭着眼睛的情况下缓慢地回答问题。

第二天，施皮尔医生发现莫莉几乎不呼吸了。她的心跳很弱，并且非常缓慢，体温明显下降了，整个身体变得冰冷潮湿，像死人一般。24 小时之后她依旧活着。他向很多同事请教了此事。但是没人能够作出诊断，他们都预言莫莉不久便会死亡。

尽管与认真的评估相违，但是莫莉的状况毫无改变，并且持续了 9 年。她处于一种生与死之间的状态。她几乎没有吃东西，变得非常瘦弱。施皮尔医生认为她 9 年里什么都没吃的情况与普通人两三天里什么都没吃的情况一样。许多医生在这段时间里研究了这个不同寻常的案例，然而没有取得任何进展。后来，1875 年，施皮尔医生报告说他的病人获得了超自然能力。来自纽约的威拉德·帕克医生和来自波士顿的罗伯特·奥米斯顿医生是当时非常著名的神经科医生，尽管充满怀疑，但是他们还是准备研究这个

莫莉·范切尔（16 岁）。

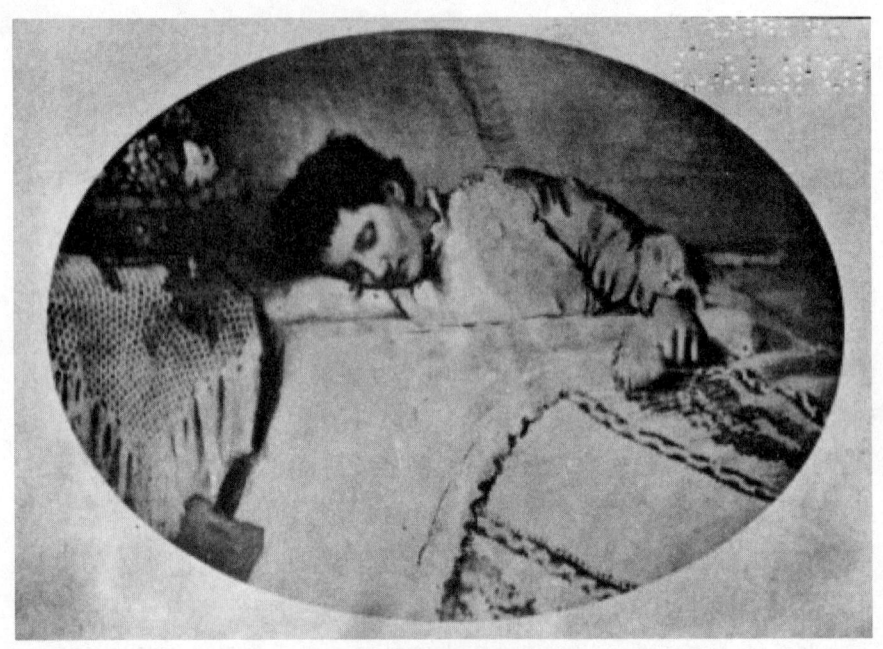

莫莉·范切尔在昏迷之中。

病例。

施皮尔医生首先让他们对这个病人进行了深入的研究，并向他们展示莫莉是如何缓慢地回答向她提出的问题的。之后他将这两个专家带到另外一个房间，并且向他们透露，莫莉随时都可以详细地描述出远处的人的穿着和行为，她甚至还能阅读密封的信封里的信。

理查德·克赫斯特是天文学家兼医生，他参与了后来的一次研究。他建议请路上的一位行人在一张纸上写几句话，然后把这张纸装进信封里，任何人都不可以看内容，再由一个不在场的人把信封交给施皮尔医生。在这期间，他和另外两个神经科医生询问莫莉信封里原文的内容。

一个随机挑选的行人在一张纸上写了一条很短的信息，这张纸随后被装进了3个信封里。之后有人把它交给了住在两公里外的施皮尔医生。当帕克医生问这个昏迷的病人，她是否能够看到信封里的句子时，她告诉他那是一封装在3个信封里的信，这封信既没有通信地址也没有称谓，只有唯一一句话："林肯被一个发疯的戏剧演员谋杀了"。

其他医生在一个小时后出现了。他们打开了这封信，所有的人都检查了莫莉·范切尔所叙述的内容。顺便说一下，她一直在这种状态中活到了1912年。一天早上她突然苏醒了，对她来说她面临的是一个全新的世界：她完全不认识周围的人，她的父母早就过世了，她不记得昏迷之前的生活，她的超自然的能力也不存在了。她在这种绝望的情况下又活了3年，1915年她73岁，在睡梦中辞世。她生命三分之二的时间在生与死之间的状态中度过。当研究涉及存在于大脑的神秘能力时，今天的医生也不见得比当时的医生更高明。

1867年
黑色预言

米塔尔·塔拉比奇（1829—1899）是一个来自于塞尔维亚克雷姆那附近小村子的农民。他是一个文盲，然而未来的模糊的幻象总是折磨着他。他把这件事告诉了他的告解神父——东正教神父查哈利杰·查哈利奇。1867年前后，他把这些幻象记在了一个小笔记本上。这些被称为"黑色预言"的记载在当地非常有名，它们详尽地预言了20世纪塞尔维亚的发展。例如，该预言描述了奥布雷诺维奇王朝的灭亡，该王朝确实在1903年灭亡了。

塔拉比奇也透露了两次世界大战后到21世纪初的惊人的信息："人们乘坐没有牛的车，人们也能穿越天空。"虽然相当多的先知和预言家在他之前说出了汽车和飞机会被发明，但这类预言在19世纪中期仍然非常惊人。

这个能预见未来的塞尔维亚农民也提到了电视机的发明："但是人们忘记了神。他们发明了一种可以用来看全世界景象的设备，但是不能用它和死人说话,尽管这种机器几乎能做到这一点。"

这太难以置信了。人们现在把这些现象都理解成远程通讯,这些现象既能以磁带(录音)的形式保存,又能以视频(录像)的形式保存。此外,他还注意到了电脑,虽然这无关紧要。在无数的实验中,确实可以在录像中看清楚并辨认出死去的人的样子。

让我们回到黑色预言,它们也包含了政治发展的细节:"大战之后出现了很多国家。为了解决他们之间的争议,会成立一个大法庭。"第二次世界大战后,许多殖民地从大国统治下独立了,而且这也打破了曾经的国家形态。在这期间,荷兰海牙成立了一个国际法庭,它的管辖权包括之前未预想到的国际层面的犯罪。

现在,又轮到塞尔维亚的未来登场了:"在一个带来一种新宗教的人的统治下,塞尔维亚恢复了和平。这个人活了接近100岁……之后一个委员会管理着这个国家。后来,国家遭遇了多年的困难,同胞开始相互憎恨,直到他们生活在相互分开的区域,一切又恢复了和平。"

克罗地亚人约瑟普·布罗兹(1892—1980),即众所周知的铁托,在第二次世界大战期间开始了共产主义游击队领袖的生涯。1944年他建立了新国家南斯拉夫,他和平地使不同种族团结起来,并且适度独立于莫斯科的社会主义,使这个位于巴尔干半岛的国家达到了小康状态。1991年,南斯拉夫开始分裂。现在,它曾经的疆土上有很多独立国家——因为"这些同胞开始相互憎恨"。北约对塞尔维亚发动了血腥的战争和空袭之后,至今那里笼罩在一片紧张的沉静中。"种族清洗"是类似于如今驱逐和谋杀的"合法"的说法,它的目的是使已经融合的人们在一个多民族国家里以邻居的身份相互分开生活。像米塔尔·塔拉比奇这样的人不可能找出更好的描述了。

甚至美国宇航局的月球计划和火星计划也出现在了黑色预言里:"人们到了陌生的世界,发现了没有生命的荒漠,但是他们并不了解存在于那里的生命。"

至今,已有6位阿波罗登月计划中的宇航员脚步笨重地踏上了荒芜的月球表面。虽然火星探测器发现了水存在的明确证据，但是科学家们还在争论，我们红色的邻近的行星是否存在或曾经存在过生命。

除了对水、土地和空气污染的暗示之外，这个塞尔维亚的农民预言了另外一次也是最后一次世界大战——在这次战争中，使用的是"不会杀死士兵而是让他们睡觉的炮弹"。

除了"传统"大规模杀伤性武器的生产，对于"非致死武器"的研究，即对于不致命的武器的研究，在军火公司的实验室里也占据着重要的地位。塞尔维亚人米塔尔·塔拉比奇在150多年前就预言了这一切。

1868 年
灵异全才

卡里尔是爱丁堡西边的一座小城。1833 年 3 月 20 日，一个男孩出生在这里。后来，他成为了 19 世纪最著名的降神者。他能引起多种奇异现象，能以心灵致动的方式影响物体移动和物体流动。并且，这一切发生在光天化日之下，而不是在昏暗的密室中。从来没有人能证明他使用过骗术。著名的英国化学家和物理学家威廉·克鲁克斯爵士（1832—1919）在严格的实验室条件下研究了他的能力。时至今日，他们依旧是漫长的超心理学历史上影响最大的人物。

这里要谈到的是丹尼尔·邓格拉斯·霍姆（1833—1886）。他的能力范围既包括上面提到的以心灵致动的方式使物体运动，也包括以无法解释的方式延长他的四肢，穿过火时不会受伤，不受重力影响多次在空中飞行。

1868 年 10 月 30 日，D.D. 霍姆像现在各个原始民族的祭司和萨满那样展示了他令人惊讶的"阻火"能力，令人印象深刻。目击者描述说，他先将壁炉里的火吹得升起火焰，随后把手指放在蜡烛的焰心里一

丹尼尔·邓格拉斯·霍姆。

会儿，紧接着抓起一块烧红的碳。他把这块炭吹到了炽热的状态，然后要求在场的人和他做相同的事情。一位名叫杰肯的先生在尝试时烧伤了手指，另外的证人只能接近离碳10厘米的地方。在场的只有亚达尔勋爵——一位对灵异现象非常感兴趣的贵族，能够把炽热的炭块紧紧地拿在手里半分钟。奇怪的是，他也毫发无伤。

亚达尔勋爵也写了一篇被公开讨论得最多的扣人心弦的实验报道。在霍姆展示自己非同寻常的"阻火"能力两周之后，1868年11月16日，亚达尔把自己在白金汉门5号的家作为了这次实验的场地。除了房子的主人之外，那天晚上在场的还有林德赛勋爵、查尔斯·魏恩船长和亚达尔勋爵的一个侄子。

霍姆陷入了沉思，突然他开始用死于这一年的女演员艾达·门肯的声音说话。这位女演员是他和这位勋爵的朋友。然后，一把椅子突然动了起来，它开始沿着他面前的那堵墙缓慢地在屋子里滑行，最后停在了查尔斯·魏恩船长面前。虽然椅子上没有人，但是魏恩和林德赛勋爵觉得有人坐在椅子上。在这个过程中，霍姆站了起来。他来回走了几次之后，林德赛听到一个声音在他耳旁低语："他会从一个窗户飘出去，并从另一个窗户飘进来。"明显是艾达·门肯的声音。惊恐的林德赛没有告诉任何人他听到了什么。这时，霍姆低声但有力地说："请您不要害怕，也不要离开您的座位，绝对不要！"

紧接着他从地板上飘了起来并朝着墙运动，他消失在了那里。所有人都屏住了呼吸，因为这个房间在第三层。然后，他们听到旁边房间的拉窗打开了。片刻之后，霍姆出现在了窗户的外面，他自由地飘浮在空中。他在这种状态下又坚持了几秒钟，然后推开了窗户，双脚朝前飞回了房间里。短暂的休息后，难以置信的表演又继续上演。

霍姆重复了这惊人的表演。这一次，他以水平姿势头朝前僵直地飘向了旁边屋子的窗户，然后再一次安然无恙地回来了。从沉思中苏醒时，他非常激动而且非常累。

霍姆展示悬浮能力。

他说他感到自己刚才处于非常危险的状态。这天夜里，霍姆还展示了很多神秘力量：火焰从头顶出现，发出像鸟儿在屋里飞一样奇怪的叽叽声，说了一种听起来很特别但又未知的语言。

威廉·克鲁克斯爵士对这个灵异力量的全才进行了最严格的科学研究。1871年，他把研究成果发表在了著名的《科学季刊》上。根据他的文章，他的实验室研究着重指明了霍姆的通灵天赋："假设存在一种新的力量，它以一种未知的方式和人类的肌体联系在一起，则可以被恰当地命名为'灵魂的力量'。"

尽管保守的同行对此表示非常愤怒，但是至今没有发现能证明D.D.霍姆欺骗或欺诈的证据，霍姆无疑是19世纪最神秘的人物之一。

1869 年
人体发光

摁下电灯的开关时整个屋子会发出白昼般的光辉,这件事我们中没有人会多想。温和的夏夜里,我们坐在户外欣赏着飞来飞去的萤火虫,这时我们仍然不会多想。接下来要谈论的是神秘的发光现象,它们并不算已知光源。虽然很多物体都属于光源,但是人类身体肯定不算。

1869 年 9 月 24 日,下面的这封读者来信发表在《英国机械》杂志上:"一个美国女人正要上床睡觉,此时她发现她右脚的第四个脚趾的上半部分在发光。搓揉后光变强了,而且还蔓延到了整只脚上。此外出现了难闻的蒸汽,它充满了整个屋子。她把脚伸进水里,光和蒸汽都没有消失,即使用肥皂洗也无法减弱脚趾上的光。光从开始到逐渐减弱,持续了大约 45 分钟。她的丈夫也看到了整个过程。"

生物学家和化学家把发光的动物,例如萤火虫幼虫或是萤火虫成虫的发光状态解释为氧、荧光素酶和三磷酸腺甙参与的身体内的化学反应。然而,这种类型的发光反应不可能在人体内发生。从科学的角度来说,人体不可能通过上述化学反应发光。尽管如此,虽然数量稀少,但是这种现象总有发生。1835 年简·派李斯特去世后,哀悼者们也观察到了她身体发出的奇怪的光。在这起事件中,她发出的光是带有许多小星星的十字架的形状。人们将其解释为"由于善良和符合神的意志而产生的奇迹",因为这只能被解释成为基督教圣徒的光轮。

让我们看看发生在活人身上的此类事件。恰巧在简·派李斯特去世后的第 99 年,"来自皮兰诺的发光的女人"引起了全世界的轰动。1934 年 5 月,意大利人安娜·莫纳诺因为患严重的哮喘病而住在医院。一个护士晚上巡视病区,一道奇异的光突然引起了她的注意。她将此事告知病区的医生,一开始她遭到了嘲笑,然而几周之后这道光依旧出现,来自许多国家的医生都来到了病人的床前。这道从人体发出的闪烁的蓝光没有投下阴影,后来它甚至被记录在了胶片上。几周之后,这道神秘的光消失了,并且再也没有出现过。虽然医生们提出了各种假说,但是这个谜题至今仍未被解释清楚。

1897年,一个案例也被记入了医学专业文献。在这个案例中,一个乳腺癌手术留下的伤口发出了强烈的光。这道光如此强烈,以至于能使人们在黑暗中看到一米之外表盘上的刻度。即使在21世纪,我们也很难对这种现象是由什么引起的作出准确的推测。

1870年
灵魂的旅行

当人们快要死亡时,他们会出现在自己的近亲和好友身旁,这样的事件非常多。超心理学家推测,这类事件可能是由一种微妙的物质发散而产生的,人们把这种物质称为"灵魂"。现在,人们还把这种经验称为"出体经验",包含各种各样的离体经验,这些经验并非都与死亡联系在一起。1870年,一起格外异常的离体事件发生了。这起事件的奇怪之处在于不是快死的人出现在他的亲人身边,而恰恰相反,是亲人出现在了快死的人的身边。

这起事件发生在大洋之上,罗伯特·罗威号轮船的甲板上。工程师W.H.皮尔斯患了伤寒,躺在床铺上等死。司炉D.布朗和他是朋友,甚至他们两家人都非常了解彼此,于是布朗承担起了照顾临终的皮尔斯的责任。皮尔斯非常不安,总是尝试坐起来。后来发生的事情使布朗陷入了恐慌。

"当我试着让皮尔斯坐起来时,突然看到他的妻子、两个孩子和他的妈妈在他的床铺对面。我非常了解他们,并且他们都还活着!他们看上去非常担忧,除此之外像正常人一样。他们穿着普通的衣服,他们或许比平常更苍白一些。"

紧接着，更加戏剧性的事情发生了。司炉布朗除了看到他们之外，他还听到了他们说话。他能清晰地听到这个临终的人的母亲对他说："他会在星期四的12点被埋葬到1 400英寻深的地方。"

在这之后皮尔斯的家人都消失了，布朗在回家之后才再次见到他们。临终前的皮尔斯或许没有看到他的家人，因为他处在昏迷状态。布朗不安地冲出船舱，直到这个工程师去世之后，他才再次走进这个船舱。

值得一提的是，关于葬礼的预言不准确。甲板机械工程师皮尔斯不是死于星期四，而是死于星期二。并且他是在同一天的9点被海葬的，而不是12点。这个"幽灵家庭"出现后，布朗立刻跑去找船长，并告诉他自己不能再照顾这个快死的人了。船长证实这位司炉当时完全惊慌失措，后来才了解到他内心强烈震动的原因。船长认为司炉说的话完全可信，但是他并没有改变行为去迎合这个幻象不准确的预言。

1871年
克罗格林的吸血鬼

人们常说，吸血鬼最喜欢喝活人的血，往往晚上从墓穴里出来活动。是真的存在这种"不死之物"，还是他们只是想象的产物？维多利亚时期的作家奥古斯都·海尔记录了一起发生在1871年的有目击证人的事件，这个事件的中心人物是英格兰西北部一个家庭的女儿。

9月的一个早晨，几个男人步行穿过了克罗格林墓地潮湿的草地，他们的脸僵硬得像石头。克罗格林是英格兰坎伯兰郡的一个小村子。所有人都拿着武器：猎枪、镰刀和棍棒。他们朝着目标前进。他们跟踪的目标很不寻常，他们在找一个吸血鬼！

事情发生在1871年的夏天，一家姓克伦威尔的人租下了名叫"克罗格林·勒福大厅"的庭院7年。这对父母有一个15岁的女儿艾米莉亚和两个年纪超过 20 岁的儿子迈克尔和爱德华。他们很快就熟悉了这个村子，参加当地的喜庆活动，毫无困难地适应了克罗格林的新环境。

夏天的一个傍晚，克伦威尔一家坐在 16 世纪的田庄前的草地上，欣赏美妙的月亮升起。眼前是一派宁静和幸福的景象。可是，艾米莉亚发现了异常："今天天空中有奇怪的东西。"接近 22 点 30 分，这家人上床睡觉时，这个小女孩感到很不安，并且无法入睡。艾米莉亚虽然关上了窗户，但是她没有关上百叶窗。她坐在床上看了一会儿月光下的院子。突然，她发现了一个东西，看起来像两个黄色的光点。这两个光点在院子左边的房子的阴影里移动。

一开始艾米莉亚很好奇，后来她愈发吃惊。她看到光点越来越靠近窗户，它们像闪闪发光的动物眼睛。但是，它们离地面太高了，有接近两米。当亮光盯着她时，她呆如木鸡。然后，她听到了长指甲抓玻璃的声音。这个女孩跳下床，然后跑向房门。

克罗格林的吸血鬼。

然而，门不知道为什么被锁上了。此时，另一个声音传入了她的耳朵：这个可怕的生物拍掉了固定玻璃窗的铅制边框，一块玻璃摔碎在地上，长长的只有骨头的手指伸了进来，打开了插销。窗户打开了，这个生物爬了进来。它扑向艾米莉亚，用力拽住她的头发，残忍地咬她的喉咙，她发不出任何声音。

当她可以再次喊出声的时候，她的哥哥迈克尔和爱德华跑了过来。他们砸开了门锁，发现妹妹昏迷了，喉咙流着血。爱德华冲向被砸开的窗户，正好看到"一个高瘦的穿着披风的家伙"。这个可怕的身影在院子的拱门处消失了。

幸运的是伤口并不深，艾米莉亚很快就恢复了。她的父母决定将她送到瑞士去疗养，然而在她踏上旅程之前，这个可怕的克罗格林吸血鬼又袭击了她一次。

这一次，她的家人做好了防范工作。艾米莉亚插上了百叶窗的插销，并且开着她房间的门。她的哥哥爱德华睡在旁边的房间，装好子弹的手枪就放在他手够得到的地方。一周里什么都没有发生。后来一天，艾米莉亚忽然在午夜后不久醒了，她看到月光照进了她的房间，傍晚仔细锁好的百叶窗被打开了！她又听到了可怕的指甲抓玻璃的声音。

艾米莉亚尖声起来，爱德华立刻冲了进来，近距离地朝着正要逃走的身影开枪。它似乎打了个趔趄，然后穿过院子逃进了夜幕里。

在这期间，迈克尔也进来了，他们两个人开始了追踪。他们在月光下看到了这个身影，它正穿过一片通向村子所在位置的田地。当他们到了克罗格林村边上的房子旁边时，他们看到这个可怕的生物在墓地里消失得无影无踪。

一些居民被嘈杂叫吵醒了。拂晓时分，克伦威尔兄弟率领的12个男人步行至墓地，他们穿过坟墓之间被露水打湿的草地。此时，其中一个人喊道，一个墓碑不在原来的位置。所有人聚集在一起，他们出神地向下看，那里放着一个开着盖子的破旧棺材。

棺材里躺着一具引人注意的木乃伊状的尸体。他们更仔细地观察，发现木乃伊的一条腿上有新的枪伤。奥古斯都·海尔详细记录了这起事件，并把这起事件传给了后人。根据他的描述，发现吸血鬼的同一天早上，人们毫不犹豫地把神父从床上叫了起来，举行了驱除吸血鬼的古老仪式。神父唱了一首圣歌，把一根尖头的木桩浸入洗礼盆中的圣水里，然后把它钉进了吸血鬼的心脏。那一刻，克罗格林周边的鸟突然都沉默了。

1872 年
来自阴间的口述？

查尔斯·狄更斯（1812—1870）是最著名的英国作家之一，他一生都着迷于令人惊奇的事情和神秘事件。一天，他的朋友威尔基·柯林斯[1]鼓励他写一本特别的小说：《艾德温·德鲁德之谜》。狄更斯将这部小说授权给一家杂志社，这家杂志社计划分 12 个月发表。然而，狄更斯没能完成这部作品：1870 年狄更斯去世时，才刚刚完成了第六部分。这对他的读者是严重的打击——他们没有错过任何一期杂志，但是这位伟大的文学家的逝世让他们非常失望。

让我们换一个场景。伯瑞特波罗位于美国佛蒙特州的南部，那里住着一个年纪较大的女人，她经常参加降神会和招魂活动。她是一个大木屋的主人，她把一个房间租给了一个名叫托马斯·P. 詹姆斯的年轻印刷工人。他也常常参加这些聚会，然而他的兴趣只限于超自然事物。1872 年 10 月 3 日，詹姆斯的生活被引向了出人意料的新轨道。

詹姆斯告诉他的房东，他在房间里和已经死去的作家狄更斯取得了直接联系。狄更斯委托他把自己未完成的小说写完。显然，托马斯·P.

---

1. 威尔基·柯林斯，维多利亚时期英国著名小说家、剧作家，代表作《白衣女人》《月亮宝石》。

詹姆斯对待这项任务非常认真。接下来的几周和几个月里，大量目击者亲眼见证了这部狄更斯小说，即《艾德温·德鲁德之谜》真的完成了。

完成日常工作后，印刷工人詹姆斯回家时通常已经精疲力竭了。他在房间里的单人沙发上睡几个小时，醒来后就立刻开始写作。他写得非常快，仿佛赶不上有人口述给他的句子似的。有时他用不熟练的书写能完成几页，有时他只能写下几句话。他从来没有更改或是修改过任何一处，他解释说自己没有权力这么做。如果控制托马斯·詹姆斯之手的人真的是已故的查尔斯·狄更斯的话，有时他不得不耐心等待。因为那时托马斯正在向附近的漂亮女孩献殷勤。

这本"按狄更斯的口述"写完结尾的书在1873年11月出版时，一开始评论家都非常怀疑，并且准备彻底地侮辱这本小说。然而，它却成了那个时代文学最大的惊喜。专家们非常震惊：一本极有可能是狄更斯自己完成的书竟然出自一个年轻的人的笔下。但是，詹姆斯不遗余力地强调该书是按照狄更斯的口述所写的，这引起了更多愤怒。

15年之后，伟大的阿瑟·柯南·道尔爵士（1859—1930）对这件事和托马斯·P.詹姆斯这个人进行了一次深入的研究。1927年，柯南·道尔在著名的英国文学杂志《双周评论》上武断地表达了自己的意见，詹姆斯在完成他唯一的手稿之前和之后都没有表现出任何文学天赋。他13岁时就离开了学校，然后接受了印刷工人培训。他唯一一本作品中好像既有狄更斯的文笔和辞藻，又有狄更斯的思维方式。这对一个未受过良好教育的美国人来说是绝对不可能的，此外他应该完全不了解典型的英式英语的句子结构。

柯南·道尔总结道："如果这本书是仿作的话，那么它在突出查尔斯·狄更斯的文体风格特征方面有着显赫的功绩。"詹姆斯在取得了唯一的令人佩服的成就之后，很快就被人们完全遗忘了。他再也没有写过其他书，并且很年轻时就死了，家徒四壁。曾对他的文学才能寄予厚望的世界把他遗忘了。

1873 年
消失的密西西比皇后号

船只在大洋上或者是在大洋的边上消失时，一转眼工夫我们就可以找到大量的解释，譬如之前讲过的数百年来臭名昭著的百慕大三角。这些解释不一定只是在幻想中寻求安慰，因为宽阔的海洋里潜伏着各种各样的危险。但是，如果一艘大船在内陆河流中永远消失，人们又该怎么看待这个问题呢？正常人的理解告诉我们，这是不可能的，绝对不可能！然而，地球上似乎无奇不有。

因为装潢豪华，内河轮船密西西比皇后号享有"浮动的宫殿"的名声，被认为是当时河中的"泰坦尼克号"。皇后号的旅客登记簿在它起航的几年前就被订满了。每当这艘雄伟的轮船经过时，密西西比河的两岸站满了围观的人群。它在当时无比惹眼，是令人赞叹的技术与工程完美结合下的作品，非常令人着迷。

1873 年 4 月 17 日，人们像庆祝节日一般庆祝皇后号的起航。它开始了向南去往新奥尔良的航程。它从容地消失在人们视野中，然而它从未到达新奥尔良。

皇后号的延误超过了 12 个小时之后，不安的船主们给这条航线上的所有的观测站发了电报。船在河里迷失的可能性比在无边的大海里要

失踪的密西西比皇后号。

小得多。虽然人们早已知道北美的大河变化无常，它们偶尔会毫无征兆地改变河道，但是如果发生这种情况，密西西比皇后号应该已经搁浅了，并且人们肯定能在某一个支流找到它。

收到电报的城市很快传来了回信。和预先计划的一样，这艘豪华客轮没有在任何地方长时间停靠。到处都有大量证人，他们都看到了这艘内河游轮起航。午夜过后几分钟，皇后号还准时出现在航线上。不久后它的踪迹就消失了，永远消失了。

不容忽视的是，这艘轮船一定遭遇了什么事情。因此人们开始了有计划的大规模搜索行动。河流被系统地搜寻了一遍。小船拖着可以伸到河底的沉重的链条向上游行驶，不管失踪的轮船的残骸沉在水下或是浮在水面上，人们都可以把它打捞上来。

然而什么都没有发现，既没有这艘豪华客轮和乘客的痕迹，也没有全体船员或是货物的线索。与一年前发生在轮船铁山号上的事情一样——铁山号于1872年6月消失在俄亥俄河上，船上有400吨棉花和55名乘客。

这两艘船再也没有出现过——它们可能行驶到了另外一个世界，或许事情的确是这样，它们一下子被吸进了"其他世界"，并且再也出不来了。

1874 年
凭空出现

超自然能力领域里最神秘的现象之一是所谓的"显灵"。这里要讲的是一件至今无法解释的事。在这起事件中，我们能感知到的物体凭空出现了。人们已经知道了一些事件，但这些事件与普通事件并没有明显区别。

19世纪末期的降神者弗罗伦斯·库克是这种难以置信的现象的最好例子。她年仅6岁就开始了她的"职业生涯"。威廉·克鲁克斯爵士是受人尊敬的英国化学家和物理学家（我们已经在关于D.D.霍姆的"灵异全才"这一章里见过这个名字），他这样举足轻重的大人物都参与了对弗罗伦斯·库克的研究，并且取得了富有建树的成果。

弗罗伦斯在降神会的过程中陷入沉思时，一个女性身影出现在她身旁，并自称凯蒂·金。这位降神者甚至从她那里了解到她曾生活在凯瑟琳王后[1]时代。然而，那时她有另外一个名字：安妮·摩根。

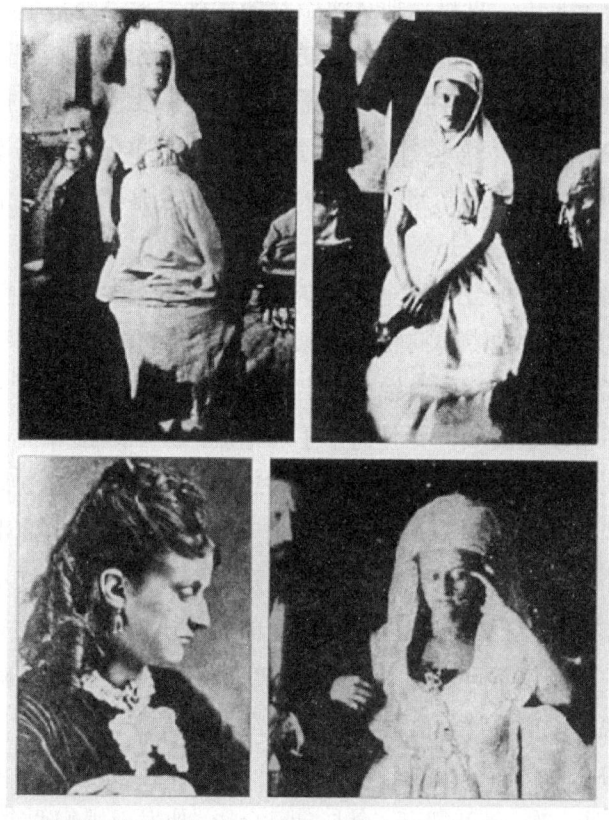

弗罗伦斯·库克（左下）与凯蒂·金（白衣女子）。

---

1. 凯瑟琳王后（1662—1685），英国国王查理二世（1630—1685）的妻子。

凯蒂·金完全不同于当时的普通鬼魂,因为她能在降神会上以真人的样子显灵。一次降神会上,这个幽灵开始显灵时,一位名叫福克曼的先生毫无预兆地跳起来扑向这个幽灵,后来他说凯蒂的身影摸起来非常真实,就像活人一样。威廉·克鲁克斯爵士听说此事后决定做进一步的实验。他在不同地方开展了这些实验,有几次是在自己的家里。

1874年3月12日,他亲眼目睹的事实打消了他最初的怀疑。这次显灵中,凯蒂·金身着一条白色连衣裙,头上围着一条头巾,甚至和他打招呼!她请这位学者去降神会的房间帮助弗罗伦斯,因为她几乎要从沙发上滑下来了。克鲁克斯从凯蒂身旁走过,去另外一个房间扶起了弗罗伦斯·库克。弗罗伦斯穿着黑色的连衣裙,她看起来显然也是活人。"我先看到站在我面前身穿白衣的凯蒂·金,之后我在密室中把快从沙发上滑下去的弗罗伦斯·库克小姐扶了起来,这两件事仅仅相隔不到3秒钟。"克鲁克斯说。换言之,弗罗伦斯·库克和这个鬼魂是同一个人的可能性几乎是零。

在后来的降神会上,克鲁克斯安装了尽可能多的防止欺骗的安全设施。为此有一次他专门向物理学家兼工程师克伦威尔·瓦利请教。瓦利因敷设了横穿大西洋的电缆而闻名于世。瓦利在弗罗伦斯·库克的手腕上固定了很多金属线,并且通上了弱电流,一旦这位降神者有任何想要挣脱金属线的尝试,一个与金属线相连的电流计可以立刻显示出来。尽管采取了这样的措施,人们还是看到鬼魂从降神会的房间走出来。他们重复这个实验时,克鲁克斯使用了很短的金属线,其长度不足以通到密室外。如果弗罗伦斯自己以凯蒂·金的身份出现,那么她必须摘下这些金属线,否则她不可能进入另外一个房间。这一次,这个幽灵般的身影还是出现了,电流计没有显示任何异常。

克鲁克斯仍然继续进行实验。有一次,他让弗罗伦斯·库克与自己合影;另外一次,他让凯蒂·金与自己合影。他发现她们两个有明显区别。因为这位降神者戴着镂空耳垂,脖子上还有一道伤疤,而这两个特征凯蒂都没有。她们头发的颜色也不同。在另外一次研究中,他测量了她们两个的脉搏：弗罗伦斯的脉搏是每分钟90次，而凯蒂的脉搏是75次。

要伪造这些是不可能的。因此，克鲁克斯对公众宣布了如下声明："我绝对确信，库克小姐和凯蒂是两个不同的人。请想象一样，如果最近3年出现的这位凯蒂·金是一场骗局的话，那么这是对每个人的理性和正常的人类理解的侮辱；我们不如相信她所说的一切。"

不久之后凯蒂·金便不再显灵，她最后一次显灵是在1874年5月。除了为数不多的照片外，她只留下一撮卷发留作纪念。显然，弗罗伦斯失去了她的能力。几年之后她被证明使用了拙劣的骗术，或许她想要延续自己以前的成就。但是，那些被科学方法所证明的，并未使用欺骗手段的显灵现象的真实性并不会受到影响。

1875年
远航中的漂流瓶

在类似《鲁滨孙飘流记》的故事中，极度困难的海难幸存者逃到了一个荒无人烟的小岛，如果一个装着救援请求的瓶子被冲到了很远的岸边，并且有人派船来营救被困者，这样的结局是幸运的。

虽然瓶子是易碎的，但是一个被塞紧的瓶子却很适合航行。台风和飓风可以把巨大的船只卷入海底，但是一个瓶子却能在经历了最强烈的暴风后继续在海上漂浮。此外，玻璃还不会腐烂。1954年，来自同一艘船的18个瓶子被打捞上来，那艘船18世纪初在肯特海岸前沉没了。这些玻璃瓶看起来几乎是全新的，然而瓶子里却有不明液体。

1875年，加拿大三桅帆船雷尼号的全体水手哗变了，他们杀死了军官。一个乘务员掌握了良好的航海知识，所以没有被杀。他假装把船开往了西班牙，实际上他却操纵着船驶向法国。航行中他多次偷偷把装有信息的瓶子从甲板上扔出去，其中一个瓶子真的落到了法国当局手里。

他们没有犹豫太久，强行攻占了这条船。所有叛乱者都被关进了地牢，最后被处以极刑。

人们通过海浪传递信息。此类事件中的绝对明星是一个可可盒。上文提到的三桅帆船雷尼号发生哗变近半个世纪后，这个可可盒伟大地登场了。1933年11月，英国货船S.S.塞克希尔比号在从新大陆驶向威尔士的塔尔伯特港时沉没了。这次海难中没有人幸存，死难者中有一个叫作乔·奥康内的水手，他来自于威尔士海边小城亚伯拉昂。

在这次灾难发生不到两年后，一个半生锈的可可盒漂到了威尔士的海边。它里面有一个手写的信息："S.S.塞克希尔比号在爱尔兰的海岸线的某个地方沉没了。请替我问候我的姐妹、兄弟和黛娜·乔·奥康内。"

这条消息的发送者不是别人，正是上文提到的水手乔·奥康内，这条信息是给他的亲人的。这个盒子在离他父母家不到一海里远的地方被冲上岸。

S.S.塞克希尔比号。

1876 年
幽灵狗

我们应该早就放弃动物只是被它们的本能所支配的傲慢观点。狗、猫、马和其他许多动物也都有意识和智慧。并且，它们死后似乎也存在灵魂，就像我们认为人死了也可能存在灵魂一样。

一个名叫史都华的少校在苏格兰佩思郡的巴来琴之屋生活了 40 多年。无可否认的是，他非常古怪，并且他很喜欢狗和招魂术。1876 年他去世时，只有 14 只摇尾巴的四腿动物和他一起生活在巴来琴之屋。由于上校的遗产继承人不知道应该把这些狗怎么办，于是他们不假思索地用麻醉剂把全部 14 条狗都杀死了。这一举动造成了严重的影响。

不久之后的一个下午，史都华少校的侄子的妻子坐在巴来琴之屋的书房里，她突然闻到了狗的气味，并且感觉腿上有什么东西，好像一只狗在用鼻子戳她似的。

从此，这座田庄有了鬼屋的名声。史都华少校的侄子后来在伦敦的

巴来琴之屋外观。

一次意外中丧生了，于是巴来琴之屋属于了另外一个亲戚。史都华船长成为了新主人，他把包括田地在内的庄园租给组织打猎活动的人。然而，1896年8月的一个晚上，租客们被可怕的声响和类似于狗的鼻子碰到他们的腿的感觉吓到了，他们发疯一样逃跑了，甚至放弃了索回他们的房租。

布特侯爵是成立于1882年的著名的心理研究学会的成员，他关注了发生在巴来琴之屋的事。布特和他的同事们决定在这个庄园举行一个庆祝活动，同时研究像鬼怪般出没的狗。在庆祝活动中，35个被邀请的客人听到了古怪的声音，包括模糊的爆炸声，运动的脚发出的簌簌声，还有大声朗诵的声音。最开始，人们把这一切解释为房顶上的猫头鹰或是坏了的水管发出的声音，后来发生了争论，最后出席的客人甚至为他们不小心发出的听起来神秘的噪音而道歉。

然后，他们突然感觉门口出现了敲门声，房间里出现了一个摇着尾巴的身影，像是卡宾犬。侯爵和他的客人们感到一股寒气从后背升起，他们明白了，巴来琴之屋里的确有强大的超自然的力量。

1877年
谁发现了火星的卫星？

不仅我们的地球有一直围绕着它运行的卫星，除了少数例外，太阳系的其他行星也都有一颗或多颗卫星。木星在这方面是领跑者，根据最新的数据，它有17颗卫星。我们"红色的邻居"火星有两颗卫星，它们的名字分别是福波斯和得摩斯。它们非常小（福波斯的直径为16公里，得摩斯的直径只有8公里），所以直到1877年才被美国天文学家阿萨夫·霍尔（1829—1907）发现。至少官方记载是这样的。

这两颗小卫星与一些矛盾的事情相联系，这些矛盾会将我们推向世界观的边缘。

著名作家乔纳森·斯威夫特（1667—1745）在其1727年出版的《格列佛游记》中就描写过火星的两个卫星。斯威夫特所写的主人公格列佛不仅流浪到了小人国的厘厘普人那里，而且还流浪到了另一个民族那里，这个民族的天文学和其他的科学水平远胜于我们。神秘的是，阿萨夫·霍尔发现火星卫星的150年前，斯威夫特就在他的书中描写了它们的存在。

情况变得更加神秘了。《格列佛游记》中，斯威夫特描写了这些卫星的一些特征，但是在那个时代应该没有人知道它们的存在！例如，斯威夫特写到福波斯和得摩斯在距离它们的母行星很近的轨道上公转，它们围绕火星运行的速度比它们围绕自己的轴运行的速度还要快。这种状态在太阳系里是独一无二的，因此苏联天文学家在20世纪60年代推测这两颗火星的卫星可能是人造的，将它们送至公转轨道的是一个以前栖息在火星上的已经灭亡的文明。

让我们转换一下场景。拉纳埃·霍尔白是我的朋友，几乎没有人比他更了解我们邻国法国西部的布列塔尼，20世纪90年代我和他因共同参加研讨班而多次一起旅行。我们驾驶着两艘快艇，载着客人穿过维莱讷河及其支流，其中一部分河道未被开发过，沿途风景如画。我们谈论了难以置信的事实和离奇的事件。并且就我们而言，我们了解了一些新的事实，还有一些对世界观形成冲击的真相。

伊勒-维莱讷省古老的雷恩大学的南边，有一幅清楚的太阳系示意图，它一直延伸到维莱讷河河谷。在大约50公里远的地方有很多的巨石——它们中的每一块都代表我们星系中的一颗行星。2000年考古学家发现了这些巨石背后的秘密，这确实太惊人了。

离梅萨克不远的一块冲积森林里耸立着一块4米多高的巨石。这块"格赖埃的巨石"代表着火星。离它只有150米远的地方立着两块接近1米高的巨石，显然它们是按照正确比例放置的。它们代表着火星的卫星福波斯和得摩斯。它们的名字来源于希腊语，意思分别为"恐惧"和"惊吓"。按照官方的说法，它们是在1877年被发现的。

如上文所诉，乔纳森·斯威夫特在150年前就在他的《格列佛游记》中描写过它们，并且早在更早的新石器时代，巨石阵的未知的建造者就在维莱讷河发现了它们。现在是时候改写我们的史书了，改写历史书的各种错误。就像克里斯托弗·哥伦布更可能是最后一个发现美洲大陆的人一样，火星的这两颗卫星肯定在1877年之前很久就已经被发现了。

1878 年
四维空间实验

19世纪，人们对神秘现象的兴趣前所未有地蔓延开来。但是，这类现象的研究常常不加鉴别地展开，并且通常被当作纯粹的消遣。弗雷德里希·约翰·卡尔·措尔纳（1834—1882）是来自莱比锡的天体物理学教授，他是最早通过实验研究超自然显灵现象的有名望的科学家之一。措尔纳尤其关心第四维度存在假说。这个课题毫无新意，之前已经有很多数学家研究过它，例如卡尔·弗里德里希·高斯（1777—1855）和格奥尔格·弗雷德里希·波恩哈德·黎曼（1826—1866），还有哲学家伊曼努尔·康德（1724—1804）。

一天，措尔纳想到某些超自然现象是否可以作为第四维度存在的标志。他阅读了降神会的报道，在降神过程中，物体以无法解释的方式从密闭的空间消失或是出现。我们早已熟知宇宙是由三个维度组成，对这个观点而言，这类事件既无法理解，又不可想象。在不留下缺口的情况下，固体是无法进出一个完全密闭的容器的。但是，如果人们把第四维度纳入世界观的话，这类现象就可以理解了。

19世纪70年代末，美国的通灵者亨利·斯莱德在英格兰引起了公众的注意。因此，措尔纳将他请到了莱比锡，和他开展了一系列不寻常的实验。

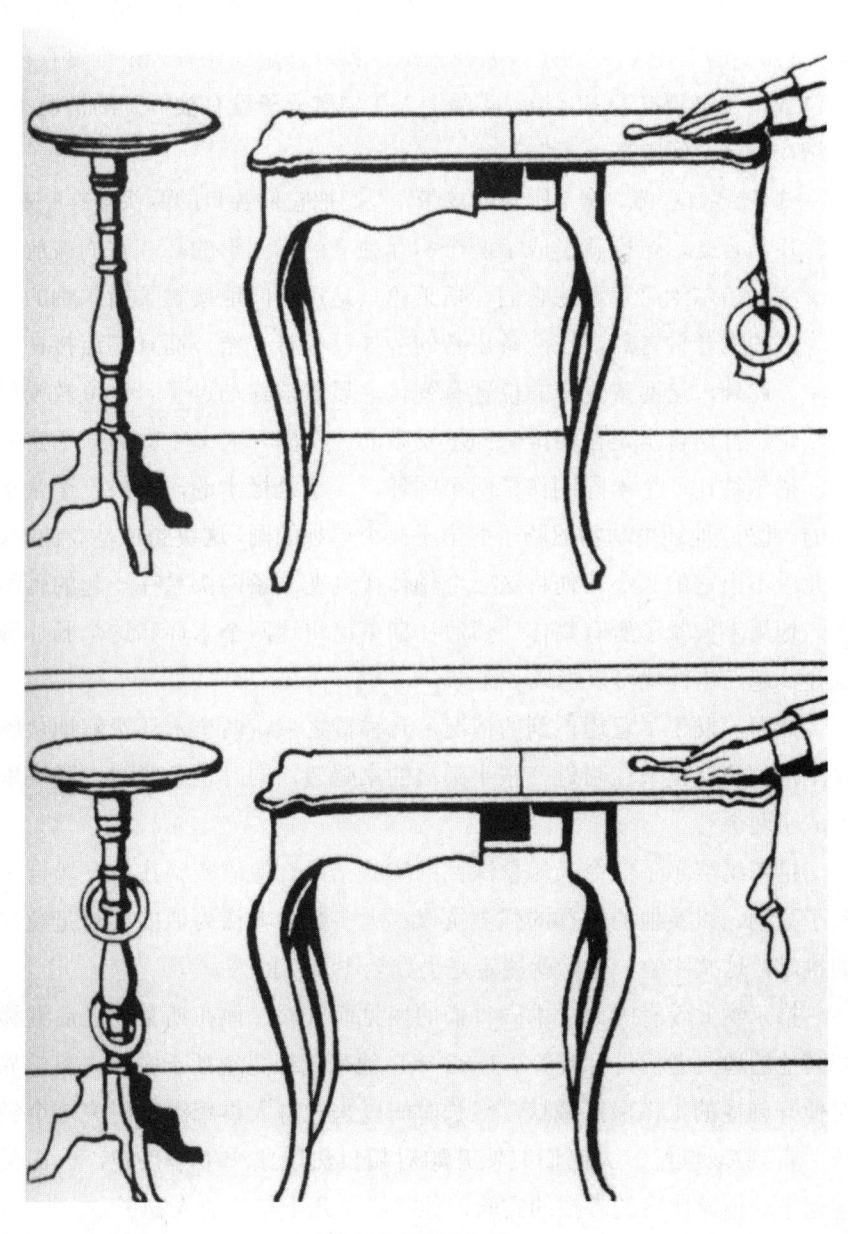

措尔纳实验示意图

措尔纳最令人印象深刻的实验之一是 1878 年 5 月 8 日进行的著名的"绳结实验",它的目的是证明在三维世界以外至少还有一个维度存在。这位教授在实验报告中写道,实验中"在物质分子没有被拆开的情况下,绳结在四维空间中打结了"。

两条长 44 厘米、宽 1 厘米的皮带,人们把它们各自的两头连在一起,并封住结合处,这样就形成了两个相互独立的椭圆形的环。它们被放在桌子上,措尔纳用手遮住它们,斯莱德只是短时间地接触了措尔纳的手背。大约三分钟之后,这两条皮带的多处已经打了结,而且还连接在一起了。此外,这两条皮带的位置有变化,显然被移动过了。这位教授得出结论,打结肯定是在四维空间里发生的。在同一天下午的另一个实验中,措尔纳让一个木匠制作了两个圆环,一个是橡木的,另外一个是杨木的。此外,他还用动物的肠子剪出了一个单独的圆。这块肠片是卷曲的,因此看不出它的大小。他将这三个物体排列在一条两头系在一起的肠线上。他用手握紧了所有物体,然后让斯莱德将这两个木环和这个肠片缠绕在一起,这样就可以形成一个结。

然而,发生了意想不到的情况。几秒钟之后,两个木环费解地从肠线上消失了,出现在附近一张小圆桌的桌腿边,同时这条肠线在肠块里形成了两个结。

措尔纳展示了他令人印象深刻的实验结果。他的实验在公开场合引起了轰动,以及他的同行的强烈抗议。大多数学者认为他的实验是纯粹的挑衅:这些实验一开始就注定是"完全不真实的"。

措尔纳并没有因为学术同行们的偏见而气馁,他在斯莱德之后继续和其他的通灵者们进行实验。1882 年,他毫无征兆地死于中风。科学界对他开创性的工作保持缄默,很长时间以来没有人再想继续研究这个领域。直到 20 世纪,大国们突然开始对超自然现象产生了兴趣,人们又想起了这位莱比锡的教授的实验,他已经是几十年前的人物了。

1879 年
奇怪的人体变形

最不寻常的现象之一发生在医学和超心理学之间的"中间地带"。总是有这样的报道，人的身体在某些情况下（通常是在昏迷或是极度兴奋的情况下），变长了或是改变了形状。1620 年离世的修女维罗妮卡·拉裴瑞里，她的宣福礼[1]记录表明，这些事件可以追溯到很久之前。大量证人发誓保证，这位修女每天祷告时身体偶尔会变长。这个现象越来越明显：她的头发被拉长了，她明显比平时更高了。为了排除视觉误差的可能，修道院里其他修女在她出现这些现象之前和之后分别测量了她的身高。她们确定她的身高变化有 20 厘米之多。

来自加拿大新斯科舍省艾摩斯特市的 19 岁的埃丝特·考克斯遭遇了无法解释的身体变形现象，前后持续了大约 12 个月，直到 1879 年 8 月。这位年轻的女性和她的妹妹共用一个房间。一次她连同她的铺盖被扔到了房间中间，她的头发竖了起来，脸上沾满了血，眼睛好像也从眼眶里突了出来。听到了这个女孩的求救声后，家人和邻居都跑来了，他们成为了一起不可思议的事件的见证者。

他们惊恐地看到埃丝特整个膨胀起来，胳膊、腿和身体反常地变大了，房间发出了如雷般的响声。瞬间，这个女孩又回到了原先的状态。这种可怕的事件在 1878 年 8 月和 1879 年夏天之间反复发生了多次，之后这个年轻女孩又恢复了正常。

如果说发生在埃丝特·考克斯身上的事件和当时许多"骚灵事件"有相同特点的话，那么接下来的发生在 1880 年的这起事件就完全不同了。法国医生伊伯特·格尔贝雷长时间研究了身上有圣疤的玛利—朱莉·嘉妮。1880 年 9 月 27 日，他和另外 5 个证人看到玛利—朱莉陷入了昏迷。

---

1. 宣福礼又称宣福、列福、列福式，为天主教仪式，是天主教追封已经过世的人的一种仪式，意在尊崇其德行、信仰足以升入天堂。

维罗妮卡·拉裴瑞里在意大利托斯卡纳修道院内的坟墓。

这时，她的头陷入她的身体，一直陷到肩膀的平面之下，肩膀则从锁骨上翘了起来；她的舌头肿到了难以置信的程度，直到它从她的嘴里伸了出来；她的整个身体缩到了胸腔里，以至于这个女士看起来像一个肉球。最后，她肩膀和臀部之间的右边身体明显变大了，而左边身体看起来几乎继续收缩得"没有了"。当医生隔着睡衣触摸这位女士的身体时，他确定了自己的猜想。

玛利—朱莉·嘉妮。

作为医生和病理学教授，他被这个现象深深地震惊了。

即使现代医学都无法对此类现象做出解释。这类现象还没有已知的身体方面的诱因，只能从别的方面寻找引起这类现象的原因。大多数超自然现象领域的事件都被视为精神疾病影响下的"例外"情况。大约在上面提到的事件发生的十年之前，可靠的目击者也在著名的降神者D. D. 霍姆——我们在之前的章节中数次提到过他——身上看到了无法解释的胳膊、腿和身体变长的情况。这位英国人至少应有 30 次成功地通过使用超自然的能力在证人面前使身体明显变长了。

或许古印度人对于这类现象也已经非常熟悉了，因为有意地使身体变长的能力在瑜伽理论里属于"8 神功"，它们是指通过瑜伽练习获得的神奇的力量。精神力量对于物质的作用的展现方式是没有范围限制的。

1880 年
眼看着他消失

之前已经有许多案例描述了人类在水域中毫无踪迹地神秘消失的事件。1880 年 9 月 23 日,美国田纳西州的小城加拉廷 18 公里之外的养马场上发生了一起事件,它是发生在陆地上和目击者面前的最难以置信的事件之一。

这个养马场上住着一个名叫大卫·朗的养马人,还有他的妻子、11 岁的女儿萨拉以及 8 岁的儿子乔治。9 月 23 日早上,他从前门离开了家,他开始工作前还短暂地与妻子和正在玩耍的孩子说了话。他转过身来和他的家人挥手,然后果断走向了马厩。朗夫人看着他离开,太阳正在升起,阳光射到她的眼睛里。此时,她看到了一辆开着门的马车被尘土笼罩着驶向田庄的门口。她认出了里面坐着的是她的弟弟和加拉廷的法官古斯特·佩克。

为了通知丈夫回家,她立刻走到院子里的钟旁边。她伸出手准备敲钟时,看到大卫正大步走在牧场上。然而,很快她不敢相信自己的眼睛:在她敲钟前,朗从她的视野里消失了。她的丈夫突然消失了,仿佛什么都没发生过一样。

坐在马车里的法官佩克也非常惊讶。他转向牧场,看到了大卫·朗在那里。他正想喊朗时,朗从他眼前忽然消失了。只有朗的妻弟没有看到这起难以置信的事件。这位法官激动地向他讲述刚才发生了什么,这两个男人立即跳下了马车。朗太太也穿过牧场跑到了事发地点。他们在那里碰面了,并且尝试解释这起事件。"他一定是掉到一个洞里了。"法官佩克说。然而,朗太太坚持认为她的丈夫既没有摔倒,也没有掉下去,而是凭空消失了。

于是她开始一寸一寸地搜寻整个牧场,然而地面上既没有洞也没有裂缝。朗太太的弟弟拼命撞钟,很快许多邻居来了。但是,这么多人都没有找到消失的养马人的任何踪迹。尽管人们仔细检查了这个牧场的每一寸土地,然而除了正在生长的牧草之外什么都没有找到。几周之后依然毫无进展,人们请来了一位地质学家和一名地质鉴定者,他们又一次仔细搜寻了这个区域。他们的结论是,土地下面是石灰岩,下层地面既没有裂缝更不可能有能让农场主掉进去的洞。不知所措和绝望蔓延开来,后续的搜索也毫无成效。

但是,1881年初,加拉廷地区的人们又一次激动起来。

牧场上养马人消失的那个地方还是没有任何改变。然而,一块直径大约为4米的圆形的土地上长着明显的又厚又密的草,农场里的动物本能地避开这块土地,那里连昆虫都没有。只有朗的孩子萨拉和乔治偶尔在那里玩。萨拉总是大声喊:"你在这附近吗,爸爸?"

有一次,萨拉喊她的爸爸时,一个清晰的声音突然回应了。听起来像从遥远的地方传来的求救声。孩子们立刻跑回家里并说他们听到了什么。没有多考虑,他们的妈妈也跑到这块圆形的土地上喊她的丈夫。她听到了他的回答,并且发誓这个声音是他。接下来的几天,她一直来这个地方喊大卫·朗。母亲和两个孩子都听到了他的回答,但是这个声音一天天地变弱了,第五天就完全消失了。从此以后,他的生命迹象完全消失了。他可能陷入了一个距离我们所处的世界很近的另一个次元。130年以来,这个谜团都一直未被解开。

1881年
飞翔的荷兰人号

仅凭这个名字就足以让我们沉醉于浪漫的航海历史了:"飞翔的荷兰人号"。它的故事在基督教世界的航海界非常有名,所有的幽灵船都与它联系在一起。它最大的特点是被风吹得鼓起的帆,这艘幽灵船在风平浪静时依旧可以全速前进。

《飞翔的荷兰人号》（油画，1887年），作者：阿尔伯特·平克汉·莱德。

虽然这艘传说中的幽灵船最初是与好望角和东印度航线联系在一起，但是它在全世界范围内被许多水手目击过。传说飞翔的荷兰人号是一艘17世纪的船，船长1680年乘帆船环绕好望角航行时咒骂了上帝，他发誓说直到末日审判也不会放弃他的尝试。作为惩罚，船长和船员们被诅咒了，他们会一直继续他们的航程并且永远在费尽心力地遇到好望角。可以确定的是，这艘帆船永远没有到达它的目的地——印度尼西亚首都巴达维亚（1950年更名为雅加达）。自从那时起，水手在相关海域看到一艘幽灵船的故事变得多起来。这些船员也说，只要船上有人看到过飞翔的荷兰人号，那么不久之后这艘船就会沉没。大多数情况下，不幸的水手会从索具上摔到甲板上，或是直接掉进海里。

1881年7月11日凌晨，一艘英国战舰遇到了传说中的飞翔的荷兰人号。H.M.S.因康斯坦特号在日本的东南方逆风航行，一个年轻的海军军官候补生被安排值勤，他负责记录航海记录。在他的记录中至少有另外12个船员看到了这个可怕的现象："凌晨4点，飞翔的荷兰人号出现在我们船的船头，它看上去是一艘被红色火焰包围的幽灵船，发出一种特别的磷光。200码外，在磷光中，一艘帆船的桅杆、帆桁和帆清晰地显露出来。值更官也从驾驶舱看到了它，站在后甲板上的海军上尉也看到了它，并且他立刻被派去了前甲板。然而当他到那里时，附近或是海面上都没有任何船的踪迹。这个夜晚风清月朗，总共有13个人看到了这艘船。舰队的另外两艘船托玛琳号和克丽奥佩托拉号航行在我们右舷前方，这两艘船上的船员也询问我们是否看到了奇怪的红光。"

由于涉及此事的海军军官候补生是英格兰王子，因此这艘英国战船的船长显然没有怀疑。这篇关于漂泊的荷兰人号的快速"身份证明"的作者是当时的约克郡公爵，他日后成为了英国国王乔治五世，在1910年至1936年间统治英国。

1882年
一门新科学的诞生

自从人类文明历史发端以来，人类就细心地研究与自己熟悉的世界观相矛盾的事情。它们是幻象还是幻觉？简单地说，它们是如同圣经描述的鬼怪显灵，还是超越我们五种感官的神秘世界的现象？这种事件为数众多。在19世纪，这个话题本身就带有神秘可疑的名声。在昏暗的密室中，狡猾的舞台魔术师总有办法利用时机和幼稚的观众的兴趣卑鄙地赚取钱财，这对致力于研究神秘事件的人很不庄重。

然而，总有对神秘事件感兴趣的人严肃地对待这类事件。1876年9月12日，著名的爱尔兰物理学家威廉·弗莱彻·巴雷特爵士（1844—1925）在英国科学促进协会的同行面前做了一个引人注意的报告，这个

威廉·弗莱彻·巴雷特爵士。

报告主要研究以思维完成的超自然传送——心灵感应。人们意识到严肃地研究这类现象的时机已经成熟了，而这类现象的意义没有得到足够高的评价。后来，巴雷特对该研究领域的贡献最终使得灵学研究社（S.P.R）——即灵学研究协会在1882年2月20日成立。更准确地说，它是超心理学研究成为一门新科学的旗帜。

同年，研究者们在严格的监督下开展了大量关于思维传送的实验，这些实验非常有说服力。马尔科姆·格思里是一个对这类研究感兴趣的爱好者，他在生物学教授赫德曼的协助下测试了两个年轻女性的超能力。她们尝试"传送"关于物体、图画、颜色和数字的观念，同样也包括痛觉和直观的想法。"发信人"和"收信人"通常被严格地分隔在一定距离之外。在大多数实验中，"收信人"画出的通过思维传送的画几乎与"发信人"传送出的原画一模一样。

在实验中，一个复杂得多的画鸟儿的任务被临时加入一系列简单的几何图形画图任务时，奇怪的事情发生了："收信人"按相关规则准确画出了动物的头、身体和尾巴，但是她把圆和椭圆画成了锐角三角形。尽管如此，这幅抽象画仍然毫无疑问地传递出一只鸟的形象——通过思维"传递"的样图。在这一系列实验结束之后，据马尔科姆·格思里记载，437次实验中有237次准确的成果。这些实验的价值无疑远胜于那些巧合的结果所包含的可能性。

在之后的一年，灵异现象学者威廉·弗雷德里克·亨利·迈尔斯（1843—1901，他也是上文提到的灵学研究社的建立者之一）第一次创造出了"心灵感应"这个术语。起初这个概念包含的范围过大，随着研究的深入，它所定义的是特定的现象。因此，人们现在所理解的心灵感应是：在不使用已知的五种感官的情况下，把确定的信息传达给另一个人。在一定程度上这是一种"远程感觉"，是用思维完成的"收信和发信"，与普通的传递心情和感觉的方式不同。

威廉·弗雷德里克·亨利·迈尔斯。

心灵感应只是众多超自然现象中的一种。1889年，研究这类现象的科学第一次被称为"超心理学"时，严谨的研究终于从昏暗的降神会密室中摆脱出来。在此期间，传统科学的怀疑和否认使这门新科学面临漫长而又艰辛的道路，但愿不久之后这条路可以迎来终点。无论如何，主流科学无法长期阻止全世界有勇气的人们去撼动早已变得狭隘的世界观的基础，这种世界观需要被扩展甚至被完全革新。

1883 年
最早的 UFO 照片

直到最近，一个声明还经常被重复：没有职业天文学家看到过不明

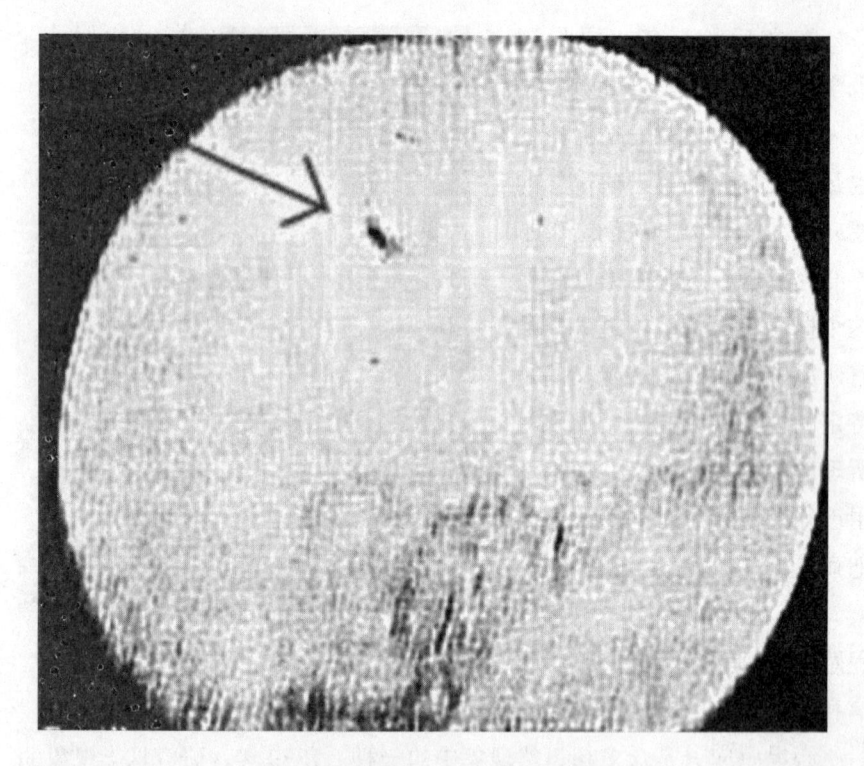

何塞·波尼拉拍摄的其中一幅 UFO 照片。

飞行物。这是多么荒诞不经的玩笑啊，几乎没有第二个玩笑能比它更明确地表明聪明人是如何接受未经证实的偏见并将其传播的。有一些事实与此完全相反：职业天文学家早在 19 世纪就观察到 UFO 了，甚至还拍摄到了 UFO 的照片。何塞·A.Y. 波尼拉教授享有完美的学术声誉，他和同事们在墨西哥萨卡特卡斯的天文台工作。他们同时注意到了奇怪的飞行物。1883 年 8 月 12 日，天文学家们看到了大量不透明物体在天文台和日轮之间列队飞过。在这样的光源下使用胶片拍照非常简单，他们甚至成功拍下了其中几个物体的照片。波尼拉是这个天文台的负责人，他无疑是职业天文学家，他在报告中记录了这次重要观测的细节："相同的现象再次出现时，我还没有从最初的惊讶中回过神来。它们出现得非常频繁，我在两分钟内共看到 283 个物体穿过了日轮。然后云层逐渐挡住了我们的视线，直到太阳越过最高点时，也就是40分钟后，我才能再次继续观测。"

后续报告表示这些物体笔直地穿过了太阳。这些物体单独或是多个一起运动，部分是圆形，另外一部分似乎是纺锤形，即齐柏林飞船形。它们穿越太阳大约用了一分钟时间。有些瞬间它们数量太多，以至于天文学家们无法准确数出数量。并且它们的表面可能是光滑的，或许甚至在发光，在某些视角下它们能反射太阳光。

波尼拉教授和同事们总共拍下了数百个这种特殊飞行物，包括第

英国天文学家E.W.蒙德（1851—1928）。

二天拍摄到的116个。这神秘的"列队"现象结束时，波尼拉将这个奇怪的现象报告给了墨西哥城和普埃布拉的天文台。可惜这些天文台所在的方位无法观测到这些物体。这位教授认为这些飞行物离地球相当近，但是视差，即视线的偏差，阻碍了墨西哥城和普埃布拉的天文台观测到这些物体。当时的一些照片至今依然存在，也曾发表在天文学杂志上。波尼拉教授的这次观测只是天文学家完成的众多UFO观测中的一次。1880年11月30日，巴勒莫天文台的里奇先生看到了一系列相似的物体，它们在早上接近8点30分时掠过太阳。1882年11月17日的一次观测被载入了天文学历史。E.W.蒙德在天文台报告中把此次惊人的观测情况遗留给了后辈们。皇家天文台位于伦敦附近的格林尼治，一位皇家天文台的有声望的成员把目击到的飞行物描述为"奇怪的天空访客"。他的同事们也是目击者，他们描述它是"鱼雷形或是纺锤形的"。蒙德数年之后描述它看起来像一艘齐柏林飞船，但是1882年还没有齐柏林飞船。

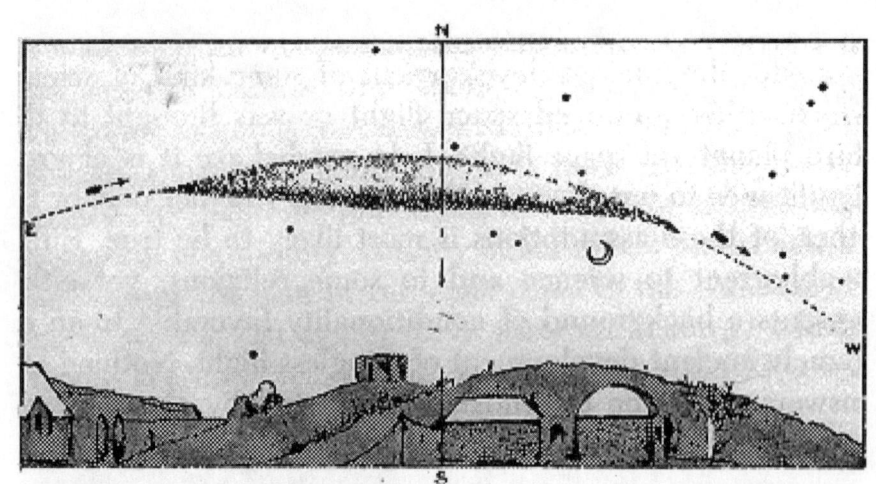

1882年11月17日，蒙德观察并记录了奇怪的现象，分别发表于《天文台》杂志1883年6月号（192—193页）和1916年4月号（213—215页）。在文章中，他还描述了极光一样的光束和奇怪的"天外异客"。天文学家、极光专家约翰·兰德·卡普林也观察到了该现象，他根据观察到的情况绘制了上图，图片原载《哲学杂志》1883年5月号。

19世纪美国发生的大量飞船目击事件引起了轰动，难道这只是后来更大规模的飞船目击事件的先兆吗？

1884年
库雷萨雷的棺材之舞

我已经讲过一个毛骨悚然的事件，即1820年巴巴多斯岛上查斯家的密闭的坟墓遭到严重破坏的事件。几十年后，爱沙尼亚的第一大岛——萨雷马岛上也发生了类似的事件。萨雷马岛的首府是库雷萨雷，库雷萨雷也是萨雷县的唯一一座城市。那里有一个古老的墓地，以可怕的"棺材之舞"闻名。

1884年6月22日，一位本地女士把马车停在布斯霍登家的墓地旁，并让墓地园丁看管她的马匹。这位女士扫完墓返回时发现她的马受到了惊吓。为了让马平静下来，她不得不请了兽医。6月的第二个星期天，为了做礼拜，很多人驾着马车来到这个墓地附近。当他们走出教堂时发现他们的马都因为害怕而受惊了。经常路过这里的居民发现，布斯霍登家的墓地传出奇特的沙沙声。当墓地再次传出沙沙声时，人们决定把坟墓挖开一探究竟。

结果所有人都受到了惊吓。布斯霍登家墓地里所有的棺材都集中在了墓地的中心，并且堆在一起。短暂的研究之后，人们又把棺材放回了原来的位置，并且转告布斯霍登家的人不会再打开死者的棺材。人们把墓地封上，以便让死者安息。6月的第三个星期天，拴在墓地附近的11匹马再次受到了严重惊吓。其中的几匹马挣脱了缰绳逃跑了。它们在逃跑的过程中还和其他的马撞在一起，三匹马因严重摔伤当场死亡。

教堂的神父决定再次挖开墓地，以便仔细检查这个可怕的墓地。刚开始，布斯霍登家的人强烈反对。然而，几天后布斯霍登家有人去世了。在埋葬这位死者时墓地再次被打开。

先前有人断言墓地里的情况会特别糟糕，他的说法完全得到了验证。墓地里所有棺材都离开原来的位置，堆集在墓地中心。一股神奇的力量让棺材起舞并且把它们集中在墓地中心。布斯霍登家的这位刚去世的死者被安葬在一个空棺材里，其他死者的棺材又被放回原处。墓地再一次被关上并密封。为了防止可怕的谣言到处流传，人们安排了一次官方调查。

布斯霍登家刚去世的这位亲属被埋葬后第三天，库雷萨雷教区委员会主席巴洪·冯·古尔登斯图伯与布斯霍登家的长者一同前往了墓地。巴洪主席确认墓地没有遭到破坏，然后他打开了墓地。所有棺材，甚至包括最近放进去的那口棺材，又集中堆在了墓地中心。巴洪主席再一次把所有棺材放回原位，然后封上墓地。巴洪主席在墓地旁边监视，并请求主教和库雷萨雷的两位医生帮助他。当天不能再打开坟墓，等到第二天他们又挖开了坟墓。出现在他们眼前的又是一片混乱。只有三口棺材待在原来的位置上。虽然所有棺材都合上了,但是在布斯霍登家家人的请求下,其中几口棺材被打开检查。

两位医生确定所有尸体都没有被触碰过,死者陪葬的首饰也没有被偷走。他们原先假设疯子或者破坏者发现了墓地的另一入口,从而进入墓地搞破坏,但是仔细调查研究后什么都没发现。

后来一切都被重新安排。巴洪·冯·古尔登斯图伯主席在地上洒了一层木屑,然后再次密封了这个墓地的入口。巴洪主席甚至在墓地的外面也洒了木屑,并且派了一位哨兵一直监视着墓地入口。三天之后,巴洪想再去墓地看一看。哨兵发誓没有任何可疑动静。墓地周围的木屑没有留下任何踪迹,墓碑也没被破坏。当巴洪主席打开墓地时,所有的棺材都笔直地立在墓地的后半部,大部分棺材都头朝下。这就是关于这起事件的所有信息了。

深思熟虑后,巴洪·冯·古尔登斯图伯主席把布斯霍登家所有已经风化了的棺材运到了另一个地方,并且拆了这个不祥的墓地。从那天起,库雷萨雷又恢复了平静。

1885 年
棺材里可怕的图像

"安息"常常被视为陈词滥调,从发生在爱沙尼亚的库雷萨雷的多起事件中就能看出这一点。如果我们试着去想象在那里究竟发生了什么,一定会感到毛骨悚然。1885 年年末,美国南部一个家庭安葬了去世的亲属。让我们梳理一下这件事的经过。

A.H. 赫林是一位来自路易斯安那州莱德汉德的博士,1883 年 6 月,他已经走到生命的尽头,这时他才 40 岁。海林博士知道自己可能活不长了,于是写好了遗嘱,并且对他最后的安息地做了详细安排。根据遗嘱,他的家人要把他的尸体运送到佐治亚州，然后葬在一个砖砌制的拱形坟墓里。他着重指出：首先把他的尸体放在一个金属棺材里，并用焊接技术把棺材密封，接下来把金属棺材放在一个石松木制成的棺材里，然后他才能被运送到佐治亚，最后被埋葬在那个精心建造的墓地里。

不久赫林博士便去世了，他的身后事完全按照他的遗嘱执行。然而，1885年末，他的家人认为他应该被葬在家乡莱德汉德附近的墓地里。当他的家人打开拱形墓地准备埋葬赫林博士时，他们被眼前的一切震惊了。

人们在密封墓穴时首先使用了一块石松木宽木板，然后再用水泥和砖块封死了坟墓。由水泥凝结在一起的砖块被拆除时，这块木板出现了，它的状况令人惊讶。它朝墓穴的那一面是潮湿的，人们可以从上面清晰地辨认出一个人的轮廓。它看上去像是一幅太不清晰的投影仪投射出来的图片，也有点像一张十年之后才被发现的X光片。

那幅图像上人体的大血管动脉和静脉都是暗红色，肺看上去有点灰暗，大脑有点发白，唯一一块骨头很容易辨认出来。挖开坟墓时，光线照在这幅神秘的图像上，许多人亲眼目睹了这一切。在很多个星期内，暗红色的血管系统仍然可以辨识出来，但这并不是全部。

这个可怕的现象也发生在石松木棺材内部，里面有一口密封的金属棺材。博士的家人打开了石松木棺材，里面潮湿有水汽。之前在木板上仍有一些东西无法辨识，此时它们清晰地显现在了棺材内部——一本天然的人体结构教科书。

　　赫林博士的家人被这可怕的景象震惊了，他们决定绝对不打开密封的金属棺材，并且很快重新埋葬了赫林博士的棺材。难道赫林博士去世之前一直深受某种不能治愈的疾病所困扰？又或者赫林先生尸体的很多部分已经开始腐烂了吗？根据我们了解，有时尸体会突然"爆炸"，但是难道爆炸时身体的每个组织结构都会被这个密封的金属棺材所影响？这简直不可想象。

赫林博士的墓地还会有其他秘密吗？

1886 年
匪夷所思的降雨

如果一个晴朗的夏日突然下起了雷阵雨，我会抬头看看天空，一些小块的乌云至少能解释刚才为什么会下雨。然而，有时候完全没有乌云的天空中下起了雨，特别是一些雨只会下在特定的地方，并且反复出现。人们又该如何看待这些现象呢？

1886 年 10 月 21 日，卡罗莱纳州北部的《夏洛特纪事报》写道："三个星期以来，卡罗莱纳州东南部的市民们目击了一种极其特殊的现象：每天下午三点，在一个特定的地方都会下雨，并且持续半个小时。在这半小时之内，这场小雨落在两棵树之间，同时这两棵树的周围阳光明媚。这个现象在过去的三周每天都可以看到。"

1887 年 10 月，《每月天气评论》杂志提供了关于这种"时刻雨"的更多的信息。该杂志报道说，一位从事通信业务的观察者数日以来一直用自己的眼睛持续观察着这些天下的雨。"这两棵树是红橡树，雨有时会分散地下在五分之一公顷（大约为 2 000 平方米）的土地上。然而，雨在最小时看上去就像不断集中地下在这两棵红橡树上。"

卡罗莱纳州北部的下雨事件过后的很短时间内，南部相邻的州也报道了类似事件。1886 年 10 月 24 日，据《纽约太阳报》报道，卡罗莱纳州南部的切斯特菲尔德县的某个地区两周以来在晴朗的空中下着完全相同的雨。同时，奇罗镇和艾肯县的许多报纸也报道了类似的时刻雨事件，这两个地方的降雨只落在一平米以内的地方。1886 年 11 月，佐治亚州的道森市也出现了一次类似的降雨事件，雨水只落在一块边长 8 米的正方形土地里，看起来就好像有人打开了空中的一个看不见的水龙头。

难道是口渴难耐的树木需要水吗？仔细观察了宾夕法尼亚州布朗斯维尔的一棵桃树后，人们可能会产生这样的想法。目击者在 1892 年 11 月看到，雨从很低的高度落下。这次降水也局限在一个地方：降水只覆盖了桃树根所占的 1.5 平方米的地面。要想象出天空和地面之间可能存在的所有事物，我们的想象力似乎做不到。

1887 年
天意之手

如果一艘船不再受船长和舵手掌控,而有了"自己真正的生命",人们该如何看待这个现象呢?捕鲸船坎通号就发生了这样的事情,船只不再遵守老船长乔治·朗·霍德兰的命令。

1887 年 6 月,捕鲸船坎通号从美国马萨诸塞州东南部的港口城市新贝德福德出发。在船员捕杀了许多鲸鱼并将其加工之后,船长把船停在了圣海伦娜岛。船停靠时,船员们卸下了鲸油,并为新航程储备了一些淡水。

9 月初,为了返回捕获鲸鱼的地方,坎通号离开了圣海伦娜岛。离开圣海伦娜岛不久之后,船不再受船舵和风向的控制,自己驶向了另一条航线。霍德兰船长尝试把船驶回指定的航线,但所有努力都是徒劳。每次船只改变方向时,就好像它自己的意志迫使它行驶到另一个方向,同时船帆也在随风飘动,仿佛是对一切外部力量表示抗议。

笃信宗教的霍德兰船长是一个虔诚的人。意识到船不再听从他的命令时,他向天空看去,说:"我们有一艘出色而牢固的船,为什么船不受舵手控制呢?没有任何其他的理由。这一定是天意之手操控了船的去向,上帝要操控我们。"

第二天,霍德兰船长静静地在船舷旁打发时间,他不时给船员们下命令。第三天,一级士官克鲁兹看见海水表面有许多点状物。当捕鲸船更接近时,他才发现那些分散的点是远处海上的一些小救生艇。救生艇上挤满了憔悴的人们,他们正拼命招手,高声呼叫救命。

霍德兰船长把这些救生艇上的不幸的人救到甲板上时,他才知道他营救的是英国商船君主号上遭遇了海难的人。君主号上装载着 200 多盒炸药,它在距离好望角 700 米的地方突然起火。虽然船上的人奋力灭火,但火势很快失控了。船上全体人员都没有继续留在船上,他们放弃了君主号。很多天以来,他们又行驶了 150 多英里,所有人都又渴又饿。当他们想要感谢霍德兰船长时,船长拒绝了,他说:"你们得救要感谢上帝。上帝才是把船开向你们的舵手。你们要用虔诚的祷告表示感谢。"

所有获救人员被送到了好望角。后来,英国政府奖励给了霍德兰船长一个银制茶壶,利物浦的海难营救者协会授予了霍德兰船长一块金牌。霍德兰船长对每一个荣誉都感到为难,他一再提到当时是一股神秘的力量让船自己有了生命,在正确的时间把他带到了正确的地点。事实上,这是这艘重达227吨的远洋轮船第一次,也是唯一一次在航程中受到表彰。坎通号是1835年由巴尔的摩造船厂建造的,一直被视为是一艘能够在风中很好地航行的牢固的船。

乔治·朗·霍德兰船长已经在海上航行了16年,他到过世界上的每个地方。在水手圈子里,他被看作一位名声与性格都很好的领航者。霍德兰船长于1923年逝世,享年70岁。那一次自然力量改变了船只航线的经历,是他人生中唯一的神奇航海经历。

1888 年
一个老兵的离奇死亡

大火毫无征兆地突然烧了起来,如果这种情况发生在一个人身上,那无疑完全无法理解而且极其恐怖。虽然几百年前就有关于这种意外事件的记载,但是人们一直都不知道引起这种离奇死亡方式的原因,甚至连法医对这种意外事件的起因都持有不同观点。

1888年2月19日,苏格兰亚伯丁大学的麦肯齐·布斯博士被叫到了一个位于宪法大街的干草棚内。因为人们在草棚里发现了一个65岁的退伍士兵的尸体。这个士兵最后一次被人看见时,他正提着煤油灯走进干草棚里。于是人们首先想到他肯定是粗心大意才会悲惨地死去:一位醉汉提着煤油灯,煤油灯引起了火灾,然后他被烧死了。然而,在仔

1888年神秘自燃的退伍老兵遗骸。

细观察尸体后,人们发现了这件事情的可怕之处。

这个男人的所有肌肉组织几乎都被烧焦了,暴露出被烧干的骨头。紧贴这位死者的地方也被烧焦了,尸体只剩下大脑的胼胝体的一部分。着火时温度一定特别高,因为屋梁都被火烧到了。一些砖瓦破裂后掉到了尸体上。火势很猛烈,几乎把能烧的东西都烧掉了,只有放在附近的一些稻草切割机完好无损。

死者的脸虽然被烧焦了,但是明显的面部特征还是保留了下来。这也是这起神秘的意外事件可怕的一面。布斯博士从死者变形的面部特征和身体姿态判断出没有挣扎的痕迹。这有点恐怖:老兵就像被一道晴天霹雳毫无征兆地击中了一般。

1888年4月12日,布斯博士在《英国医学杂志》发表了这起意外事件的详细报告,并列举了与这起意外事件相类似的一系列恐怖事件。虽然布斯博士也把死者称为"年老的酒醉者",但是这对解开谜团没有丝毫帮助。因为目击者们看到他提着的煤油灯在他进入草棚后很快就熄灭了，而大火在几小时之后才烧起来。

在这起事件中发生的现象被称为"人体自燃"。医生和科学家对此始终不知所措，一直没能找出科学解释。这个现象的可怕之处在于：一个人在某个时间突然变成了一个名副其实的柴堆，整个过程中他的身体出于无法解释的原因突然起火，除了一些残留物之外，身体被烧得只剩灰烬。

1889 年
一位出版商的神秘失踪

1880 年那一章讲述了来自得克萨斯州的加勒廷的养马人大卫·朗神秘失踪的事件。世界上所有地区都会发生一些完全无法解释的毫无痕迹的失踪事件。我认为这些事件的历史相当久远，也许在旧石器时代，我们的祖先在晚饭后想把这些事件快速记录下来时没有成功。当然，这只不过是单纯的推测，在很长时间之后它们也无法被考证，我们最好还是停留在离我们近一点的时期。

世界上许多山区存在一种不祥的传言：在那些地区一再有人不可思议地永远消失。非洲大陆有一座海拔 2592 米的伊尼扬加尼山，它是津巴布韦的最高峰，因为多起神秘失踪事件而恶名在外。多年以前，一位津巴布韦政府的部长和两位陪同者一同消失在这座位于津巴布韦首都哈拉雷东南面的高山上。

伦敦著名出版商麦克米伦攀登了希腊北部奥林匹斯山的许多山峰。奥林匹斯山北面的下奥林匹斯山海拔 1588 米，而其东南面陡峭的上奥林匹斯山海拔高达 2917 米，其最高处微微拱起，它是由冰川侵蚀形成的。上奥林匹斯山在古希腊神话里被视为众神的住所。

1889 年 7 月 13 日，麦克米伦先生在他的朋友哈丁格以及当地一位有经验的向导陪同下一同登山。他们三人骑马上山，到了两座山峰之间的一个高原上。哈丁格想要登上最高峰，而麦克米伦先生决定攀登下奥林匹斯山。向导让这两个英国人把马匹留在这片高原上，以便呼叫时马能听到他们的声音。哈丁格在费力攀登上奥林匹斯山之后转身看到了麦克米伦，他还在下奥林匹斯山上。他俩相互挥手示意后，麦克米伦先生立刻开始下山。为了好好享受一下晴天高峰的美景，哈丁格又在上奥林匹斯山上待了一会儿。这时，哈丁格还能看到他的朋友麦克米伦先生正在下山。然而，麦克米伦先生快要走完下山路程的一半时，突然消失不见了。

站在上奥林匹斯山的哈丁格呆住了，他在下奥林匹斯山上看不到任何人影了。哈丁格迅速下山与希腊向导碰面。希腊向导目瞪口呆地站在下奥林匹斯山上，结结巴巴地说他当时也看着麦克米伦先生在下山途中消失了。

克服了惊恐之后，两人一同上山寻找麦克米伦先生。但是他们什么都没找到，既没有衣服的碎片，也没有折断的树枝，更没有其他踪迹。看起来，麦克米伦先生像是消失在空气中了。后来到达的负责搜寻的部队同样没有发现任何线索。下奥林匹斯山没有登山者喜爱的峡谷，也没有洞穴。出版商麦克米伦先生在两位目击者眼前不留痕迹地永远消失了。

1890 年
在炽热的木炭上行走

没有人在精神状态良好的情况下会打算赤脚走过装有烧红的煤炭或者烧热的石头的矿井，只是想想就觉得疼。然而很久以前，世界上许多地区都发生过这样的事。出于这个原因，我们只能猜测那些人拥有特殊的能力，能够处于一种异常的意识状态。至今研究者们都不知道这些"火中行走者"是如何摆脱人体生理状况的限制，并且敢于做出这些不可思议的事情的。人们对他们经常这样做的原因以及他们不顾虑身体安全的后果还心存疑虑，而西太平洋的玻利尼西亚群岛有一个区域至今还进行着这样的祭祀活动。

通常一些现象不会被纳入传统的世界观，它们被看作把戏或者骗术。特别是西方的基督教文化里，不符合观念的事物常常会被彻底清除。1890年，新西兰法官奥博斯特·古德格恩和他的医生朋友霍克以及两个欧洲人，前往玻利尼西亚群岛的拉罗汤加岛，目的是调查稍后提到的现象的真实性。他们充满质疑并有所保留地观看一位萨满的表演。出人意料的是，这位萨满要求他们亲自尝试一下，并承诺会用他神奇的力量保护他们。

奥博斯特·古德格恩和他的朋友不想被劝说第二遍，他们脱下鞋和袜子走进了熊熊燃烧的区域。后来，古德格恩说，他们中的罗茨女士虽然遭到了严厉的禁止，可是还在四处张望，结果她的身体被严重烧伤。当然，古德格恩法官也严重怀疑当时自己濒临死亡，他担心自己会受到高温的无情炙烤，皮肤会被烧伤。然而，当古德格恩被带到另一边时，他仅仅感觉像"遭电击过后的一阵发痒"，他毫发无伤地走过了烧着火的道路。

这次难忘的尝试之后，霍克医生立刻又开始了其他试验。他把一个最大刻度为205摄氏度的温度计挂在了矿井外高2米的地方。很快温度计里的水银就冲到了最高点，如果不是事先在温度计的外表涂了一层融化的焊锡，那么温度计早就破裂了。在这个矿内部，温度早就超过了400摄氏度，这个温度足够破坏最难燃烧的东西。霍克医生仔细检查了每一个走过这条被火焰包围的道路的人的双脚，每个人的双脚都是白白的、柔软的，没有任何烧伤的痕迹。为了判断他们的脚底是否涂抹了保护层，霍克医生甚至还舔过他们的脚。最后他得出结论：他所看到的和所经历的一切，既不是骗术，也不是幻觉。

众所周知，除非亲眼所见，同时代的研究者肯定会与这些事物保持安全距离并强烈抗议。虽然霍克医生在那里进行了科学的调查和研究，但是他的推论还是遭到了严厉的抨击。例如英国人类文化学社团主席爱德华·克劳德在其1895年的演讲中表示，所有关于在火中行走的报道都是谎言和无稽之谈。

想要不费吹灰之力地找到人能毫发无伤地在火中行走的真相是不可能的，但是这个事实却不能被所谓的专家否定。古德格恩法官和霍克医生完成其试验的三十年后，印度的马德拉斯（今金奈）上演了一场轰动的表演。迈索尔的一位主教请求他的一位朋友——这位朋友是教养良好的印度君主——为他组织一次火中行走的活动。这位君主请来了一位信仰伊斯兰教的苦行僧，这位苦行僧以一种神秘的方式保护了所有的参与者。当英国军乐队（军乐队的成员无一例外都是基督教徒）开始演奏时，第一个志愿者穿过了火焰。惊恐的参与者直接用力把苦行僧推到了熊熊大火中。不过他们恐慌的神情立刻转为了惊讶的笑容，军乐队两次穿过了火焰。

他们使用了什么方法来防止被火烧到呢？在一些事件中，似乎是精神恍惚和极度狂喜的状态起了作用；但是从另一方面来看，他们没有使用任何技术手段，比如唱歌、舞蹈或是节欲。然而在这些事件中，在火中行走的人事先没有作任何准备。我们能从中知道些什么呢？这听来可能没什么意义，但是就像其他许多谜团一样，我们对此依然一无所知。

1891 年
毛奇将军的幻影

同一时间在两个不同的地方看见同一个人，这听起来十分离奇。然而，在本书的前面部分，我们已经邂逅了这种神奇的现象，即发生在女教师艾米丽·萨吉身上的奇特事件。通灵学家认为，除自己的本体以外，一个人还拥有一个微妙的"灵魂"，这个"灵魂"可以在某些情况下离开本体，出现在另一个地方。某些研究者甚至认为，灵魂在身体死亡的瞬间就永远消失了，灵魂自身可以穿越一切空间和时间。事实上，正如许多报道说的那样，人逝世的那一瞬间会出现在家属和朋友的面前而不是梦里。许多起这样的事件过程都非常真实。身旁出现过死者灵魂的人们会认为这一定和那个人有关。当这个人去世的消息流传开来时，这种神奇的事情就会消失。

赫尔穆特·卡尔·贝恩哈特·冯·毛奇（1800—1891）是普鲁士军队的最高指挥官，他擅长"闪电战"理论。在他逝世的一瞬间，他的幻影"栩栩如生"地出现了。

1891年4月21日，一个阳光明媚的白天过去了，柏林进入黄昏。这天晚上，贝恩哈特·冯·毛奇在家里欣赏着音乐。毛奇的一位朋友弗里德里西·奥古斯特·特斯勒坐在包厢里和他一同欣赏。毛奇的儿子也叫赫尔穆特，他在拉大提琴。毛奇正躺在有扶手的椅子上休息。

几分钟之后，为毛奇写传记的记者埃卡德·冯·纳佐说道："听音乐时，毛奇的眼睛突然睁大了，并且发出奇怪的亮光。音乐还在演奏，毛奇将军安详地去世了。他闭上眼睛，深深地叹了口气，好像所有负担从他身上卸下来了。毛奇将军逝世了，就像他活着一样：安静、孤独、安详和谦恭。"

这时，两位骑兵将军——荷亨洛赫的马克斯王子和格赫本的哈拉尔德·格哈夫离开了普鲁士广场的将

赫尔穆特·卡尔·贝恩哈特·冯·毛奇。

军指挥大楼。他俩想去吃晚饭,并且高兴地喝几杯酒,因为他们今天工作了很长时间。刚走出大门时,他们就看见毛奇将军向他们走来。这两位将军立刻停了下来,大门口的守卫也持枪敬礼。然而,赫尔穆特·冯·毛奇既没有戴帽子,也没有戴军刀,更没有回应两位军官以及门卫的欢迎。这位"沉默者"没有打招呼就从他们的身边走过去了。"他脑袋仰得高高的,"埃卡德·冯·纳佐在他执笔的毛奇的传记里写道,"当他们开始寻找毛奇将军时,已经再也找不到他了。"

这位年长的将军逝世的消息很快在柏林传开了。可以确定的是,两位将军和门卫在将军指挥大楼——毛奇将军早年工作的地方,碰见栩栩如生的毛奇将军时,他其实已经去世了。

1892 年
南京上空的红色物体

在过去,西方很少能了解到中国的信息,但是在这个地球上人口最多的国家也发生了许多神秘事件。

一些有心的记者在中国发现了 UFO,从此巨大的变化发生了。1980 年 5 月,中国 UFO 研究会在武汉大学成立了。今天,在中国能比在美国更公开地研究 UFO 事件。人们甚至还查出了它们在古代文学和艺术作品中的踪迹。

1892 年 9 月 8 日晚上 8 点左右,江苏省省会南京市的上空中出现了一个由西向东飞行的燃烧的球体。这个火球像一个巨大的红色的鸡蛋,但它不会发光,也不是陨石。这个物体突然改变了它的方向,不但没有停下来,而且有目的地向南京飞去。这个飞行物向南京南边的城门飞去时,许多聚集在朱雀桥上的居民听到了一些微弱的噪声。噪声似乎是从飞行物的前半部分发出来的。这个飞行物在很低的高度停留了 15 分钟,

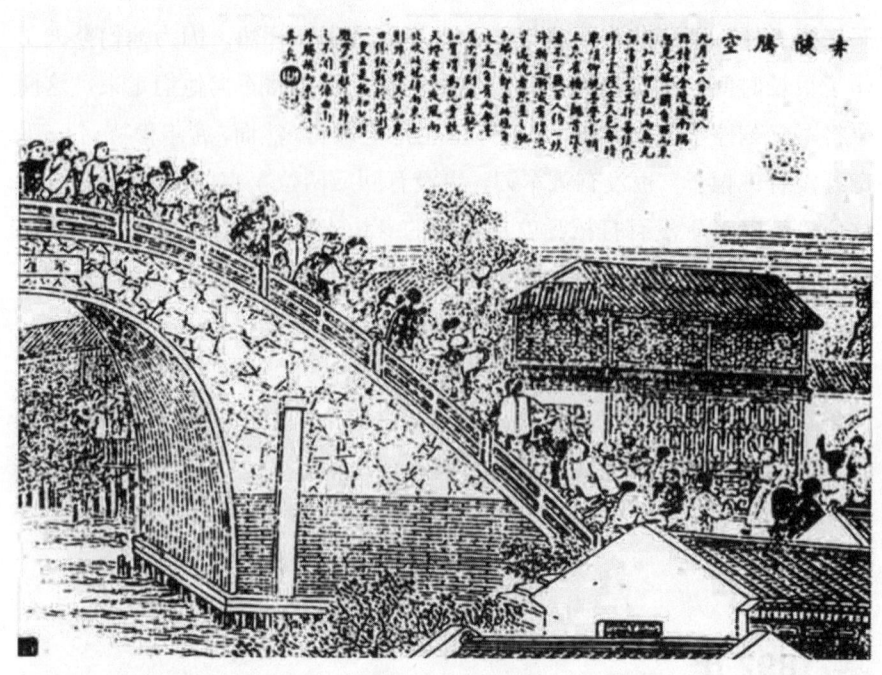

吴友如（？—约1893）绘制的《赤焰腾空图》。

然后便飞走了。

在它飞行的过程中，地面上聚集了越来越多的目击者，其中一位是清代著名画家吴友如。吴友如把人潮涌动的景象画成了一幅画，这幅画现在收藏在上海图书馆里。在这幅被命名为《赤焰腾空图》的艺术作品里，除了主角不明飞行物之外，还有许多聚集在朱雀桥上的人。他们当中有的人吃惊地看着天空，有的人在聊天，有的人激动地比画着。男人、女人和小孩，所有人都对这个几乎要从空中掉下来的神秘的飞行物感到惊奇。如果不是吴友如把这幅景象画下来，并且一直保存至今，恐怕今天就没人知道这起事件了。

1893 年
一个有第六感的女人

坦波夫是坦波夫州的首府，位于俄罗斯首都莫斯科东南方大约 600 公里处。19 世纪末，主治医生乔林在坦波夫的精神病院工作。乔林医生是一个保守的人，对他来说心灵感应和第六感是完全陌生的领域。然而，我们要感谢他给我们提供了许多颇费周折才能得到的有关超自然能力的信息。

1893 年的一天，又一起著名的意外事件发生了。乔林医生把一封看起来像是当天早上才收到的信带给他的一位女病人，她就是这封信的收件人。这位没有结婚的 M 女士曾是一个贵族的家庭教师，她 32 岁时离开了那个贵族家庭。她接受乔林医生的治疗已经一年多了。她的一半大脑完全不能接受任何信息，她的左眼看不见，左耳听不见，舌头的左半边完全没有味觉。

乔林医生把信拿给这位 M 女士时，她正坐在窗边沙发她最喜欢的位置上。一开始他们聊了一些无关紧要的事情，后来 M 女士的表情突然变了。起初的愉悦突然消失了，她变得十分沮丧，眼里流露出了万分心痛的情绪。她双手拿着那封还没打开的信，对乔林医生说他带来了不好的消息。M 女士的泪水夺眶而出，她告诉乔林医生："我的小侄女死了，我姐姐写信来告诉我，我的小侄女死了。"

乔林医生深有感触地接过了 M 女士手中的信，问她能否打开这封信，她沉默着点了点头。乔林医生撕开信封，开始慢慢读信，他发现信里的内容与 M 女士说的一样。那一天，乔林医生发现 M 女士能够知晓还未打开的信里的内容。

作为一个固执的怀疑论者，乔林医生首先想到 M 女士也许早就知道了她侄女去世这个悲伤的消息。乔林医生认为这件事是偶然事件，然而他发现他的怀疑是错误的。乔林医生对这件事进行了严肃的科学研究。为了完成一系列的阅读密封的信的内容的实验，乔林医生请来了另一些学者以及圣彼得堡邮局的局长。这位名叫斯特拉格诺夫的局长帮助乔林医生完成了第一个实验。他在一张双面纸上用黑色的墨水写了一句话："世界上存在一些人们想象不到的事实。"

为了证明 M 女士在不打开信的情况下就能知道信的内容，学者们采取了许多预防措施。他们把信纸套了一个又一个信封里，金属纽扣固定住信封的封口处，然后再把整封信密封一次。事实上，有过人的聪明才智的实验人员才能想到这些措施。邮局局长斯特拉格诺夫在 1893 年 4 月 13 日收到了乔林医生寄的第一封信。四天以后 M 女士给了她的答案。她说："有许多超出人们想象的事实。"虽然 M 女士所说的与斯特拉格诺夫局长选用的词语不完全一致，但是当斯特拉格诺夫局长收到乔林医生的信时，他确信信里的内容与她的意思基本相同。

之后不同的学者又做了其他测试。圣彼得堡的不少人都为实验性的心理学写了一句或多句很短的句子，然后把信纸放在一个特别的信封里。圣彼得堡市长只选出其中一封信，它被多次密封加固并寄往坦波夫。为了确保答案的准确性，其余的信都被烧毁了。

M 女士成功通过了测试。虽然她不能逐字逐句地复述内容，但是她复述的意思与信的内容一致。难道她真的有被称为第六感的超能力吗？即使乔林医生不能得出最后的结论，但在这件事情上人们或许可以问心无愧地给出积极答案。

1894 年
幽微：澳大利亚的大脚怪

在前面的一个章节中，我已经研究过北美的大脚怪，或者说是萨斯科奇人。许多关于野人的报道来自世界上一部分地区，特别是那些荒无人烟的地区。这些地区成为了人们认为早已灭绝的生物的理想栖息地，即所谓的"小环境"。

澳大利亚的情况也是一样的。澳大利亚有很多无人居住的地区，这些地区为远古时期的生物提供了一个避难所。它们是动物进化为人类的过程中出现的"过渡物种"，例如许多研究者所说的雪人和大脚怪。澳洲的土著居民相信它们存在，并且还给它们起了不同的名字。在澳大利亚，这两种神秘的生物有一个共同的名字——"幽微"。

澳大利亚昆士兰州的幽微雕塑。

18世纪末，偶遇这些生物的相关报道主要来自澳大利亚东部的昆士兰州和新南威尔士州。1894年10月3日，一位名叫约翰·尼威廉姆斯的年轻人骑马从斯诺巴尔的家去往新南威尔士州金登的邮局的途中，一个奇怪的生物站在了他眼前。

一个个头很高的长发男人突然从树林中跳了出来，他似乎和约翰一样吃惊。他飞快地跑过田地。他跪在地上，还因为疼痛发出了尖叫。他在奔跑的过程中还回头看了几次，直到他消失在一座小山背后。这个野人的身高约为1.8米，并且体格强壮。

很多年之后，大概是19世纪末到20世纪初之间，约瑟夫·韦伯和威廉·韦伯兄弟在新南威尔士州的拜里达拉山上露营。他俩突然听到了低沉而沙哑的怒吼声，以及类似于人穿过灌木丛的沙沙声。约瑟夫和威廉立刻离开了他们的帐篷，想看看究竟发生了什么。这时，他俩看到一个奇特的生物向他们走来。

他俩先看到的是它的头和肩膀。这个生物直立行走，全身都长满了毛，看上去好像没有脖子——它的两肩之间除了头清晰可见以外，别的什么都看不清。这个奇怪的生物离他们越来越近，他们能够看清它了：它长着人的脸，走起路来很慢，步伐很重。兄弟中的一个喊道："你是谁？说话，不然我就杀死你！"这个陌生人没有回答，只是发出低沉的怒吼声。兄弟二人不再犹豫，其中一人拿起枪对准它并开了枪。他俩也不确定这个生物是否真的死了，因为他们开枪之后它就迅速转身，消失在了澳大利亚的荒野里。

韦伯兄弟不能确定那个幽微是否逃脱了，他们再也没有遇到过它。北美发生了许多类似的事件，在那些事件中大脚怪都被枪杀了。但是，这个奇特的生物踉跄地逃走了。子弹是否击中了它，它是否在被射中后又养好了伤？这些我们都不知道。

让我们再回到澳大利亚。澳大利亚的考古学家雷克斯·吉尔罗伊博士是新南威尔士州蒙特约克自然历史博物馆馆长，他收集了3 000条关于幽微的报道。昆士兰州自然公园里的一位工人描述，一次一个幽微就站在离他 2 米远的地方，那个全身长着黑毛的巨大的生物就像一只黑猩猩。它的手很畸形，但是力气很大，可以轻松推动一段树根。雷克斯·吉尔罗伊坚信，在澳大利亚出现的幽微应该是猩猩进化到人类的过程中所出现的一个过渡物种，它们可能在种群灭绝的过程中幸存了下来。但是，我们能捉到一个活样本吗？

1895 年
海上明珠

神秘的光球像智慧生物一样出现，它们饶有兴味地跟随着那些吃惊地观察它们的人。它们出现在天上，出现在水中，也出现在地表下的洞穴中；它们甚至穿过围墙进入楼房，可见它们是有目的的。它们看上去好像不危险，又可能会有危险；它们可能只出现一次，也可能出现多次。

泰国北部靠近老挝的地区有庆祝"火箭节"的风俗。火箭节已成为吸引游客的一种地方特色。火箭节庆祝仪式已经有上百年历史，通常在农历新年过后的第 11 个月的晚上举行。仪式中橙红色的火球从湄公河底腾起，升到超过水面 30 米的空中。这种无烟无味的光短暂地持续一会儿之后就消失了。这种现象在丰披沛县、巴卡县、些胶县、清迈县和汶干县有规律地重复出现，这几个地方离直辖县廊开府都不远。

每年雨季末，泰国人都会举行庆祝活动。人们游行，或者在湄公河上举办划船比赛。这个民间节日背后一定有一个不解之谜。另外，维多利亚女王在位期间发生了一起与明珠有关的神奇事件。1895 年，女作家玛丽·金斯利（1862—1900）从西非的英国保护国尼日尔旅行前往法国殖民地加蓬。她在奥果韦河与瑞母布韦河之间的恩科伊湖岸露营时遇见了一些神奇的事情。

泰国人民庆祝火箭节。

玛丽·金斯利。

玛丽·金斯利所写的《西非之旅》讲述了这个故事：为了去恩科伊湖游泳，她在夜晚独自划船前往那里。突然，湖岸对面的树林里出现了一颗紫色的明珠，它在岸边的沙滩上飘动。这颗明珠与橘子差不多大，它沿着湖岸在离地面很近的高度不停跳动着。短短的几分钟之内，又出现了第二颗紫色的明珠。它们开始有规律地不停跳跃，短暂分开，然后又缠绕在一起。

出于好奇，玛丽开始向

着沙滩划去。其中一颗明珠消失在灌木丛里，另一颗从湖面滑过。玛丽一直划着船跟随着这颗明珠，直到它在她眼前潜入了湖中。她透过湖水还能看见这道光线短暂地闪烁，最终沉入了湖底。

这个勇敢的英国女人认为，这可能是异国的某一种"萤火虫"。但是，当她询问了当地居民后才知道，他们把这种光球称为"魔鬼"。然而，非洲腹地和泰国的火箭节是否都有这样的"神灵"存在，至今还无人能够回答。

1896 年
美国最大的不明飞行物

19 世纪末，一个极其罕见的现象让整个北美洲陷入了一片混乱：空中出现了宇宙飞船。这至今还是一个迷。事实上，从飞行方式可以判断出被观察到的不明飞行物不可能是同时代的飞行器，它们以各种各样的方式出现。人们只能得出这样一个结论：19 世纪的最后十年里，北美洲受到了一群奇特的飞船的侵扰。按照地球文明的技术标准，那些飞船在当时不可能存在。

只有少数研究者把这些早期的不明飞行物现象视为现代 UFO 事件的前身。一位很早就离开了我们的自然科学家约翰内斯·菲巴格（1956—1999）曾尝试用他的分子模拟说来合理解释这些不明飞行物现象。虽然外星人似乎想隐藏他们的存在和行为方式，但是他们出现时不可避免地展示了其奇特和先进之处。虽然他们距离人类很遥远，但是人类还是能够想象出他们的存在。简而言之：这只是一个很小的进步。

1896 年 11 月 25 日，H.G. 肖少校和他的朋友卡米尔·斯普纳准备离开加利福尼亚州的城市洛迪。下午 6 点左右，天已渐渐黑了，他们的马突然害怕地站在原地，这令他们格外惊奇。在黑暗中他们看见了三个陌生人，他们大约两米高并且非常瘦。由于马匹受惊，上校和他的朋友斯普纳只好停下并从马背上下来。上校走到他们身边，询问他们是谁，来自哪里。

"他们好像听不懂我说话，但是他们发出了奇特的声音……与其说他们在说话，倒不如说他们是在哼唱。他们依次发出了声音，听起来就像怪兽在唱歌。"上校回忆道。

上校和他的朋友开始观察这三个人和他们的马匹及行李。他俩也正好有机会看清对面的这三个神秘人。这三个人都有小而纤细的双手，手上没有指甲，他们的腿又细又长。上校和他的朋友碰到其中一个人的手肘时，他们感觉这位陌生人的体重不会超过30克。

上校和他的朋友还说："这三个陌生人实际上根本没有穿衣服，而是用一些天然植物遮挡着自己的身体，这些遮挡物就像丝绸一样柔软。他们的皮肤如同天鹅绒一般，他们的面部和头上没有毛发。他们的鼻子就如同擦亮的象牙一般。他们的耳朵很小，嘴巴也很小，但他们的眼睛却很大很亮。我们仔细观察后发现他们没有牙齿。这让我们相信他们肯定不喝水也不吃饭，他们肯定用某种气体维持生命。他们每个人的左手臂上都戴了一个类似包的东西，上面固定着一个管子，每次他们把管子放到嘴里时都会发出放气的声音。"

此外，这三个人都有一盏卵状的"灯"，会发出刺眼的光线。这三位陌生人在观察了上校和他的朋友后，试图劫持他们。他们把上校高高地举起，并且想把他拖走，却被上校的朋友斯普纳阻止了。最后，三个陌生人只好放弃他们的绑架计划。

他们掉头走了，只见他们把"灯"架在附近的一座桥上。在刺眼的灯光的照射下，上校和他的朋友看见水下7米深处静静地浮着一个巨大的约50米长的飞船。上校和他的朋友这样描述他们登上飞船的方式："他们快速跑向他们的飞船，这种速度是一般人不可能达到的。他们轻轻一跃就已经离地5米高，他们跳到飞船上方，打开其中一边的门进入飞船。飞船很快就消失在我们眼前。"

上校认为他一定遇见了邻近地球的火星上的生物，这些外星人来地球是为了绑架地球人。人类飞船的设计者们认为这些故事不过是拙劣的骗术，绝对不能相信。他们声称这些如梦般的经历毫无神奇之处。

1897 年
在奥罗拉坠毁的不明飞行物

前面已经提到了最大的不明飞行物事件，接下来要讲述的这个悲惨的意外事故，对我们而言同样是一个未解之谜。1897 年 4 月 17 日，得克萨斯州北部上空有一个银光闪闪的冒着浓烟的物体从南边飞来。这个飞行物一直飞到了距离沃斯堡市 30 公里远的奥罗拉镇。它在奥罗拉镇直直撞向了一个古老的风车，然后立刻爆炸了。一具身材瘦小、严重变形的生物躯体被炸得满地都是。

1897 年 4 月 19 日的《达拉斯晨报》关于这次事件的报道写道："大约早上 6 点，奥罗拉镇一个早起的居民惊讶地看到了一个不明飞行物突然在空中出现，并飞过了整个小镇。不明飞行物从北面飞来，并且比之前更贴近地面。很明显这不可能是一个普通飞行器，因为普通飞行器的速度为每小时 15 至 20 公里，并且飞行时不会贴近地面。这个飞行物飞过了小镇的中心，在奥罗拉镇的北面撞到了普洛克法官的农场的风车，然后突然爆炸。飞行物的零件全部炸毁了，残骸散落一地。普洛克法官的农场的风车、水箱和花园都遭到毁坏。不明飞行物内似乎只有一名飞行员，即使它的身躯严重受损，但是人们仍然可以辨认出它绝非地球生物。"

《达拉斯晨报》的报道还提供了一个证据：尸体身上发现了一种无法辨认的象形文字。报道发出的第二天中午，这位奇怪的飞行员被安葬在了奥罗拉镇的墓地里。

奥罗拉UFO坠毁事件的报道之一。

埋葬外星人的奥罗拉镇墓地。

关于这起事故的报道不过是一个银光闪闪的冒着烟的金属物体坠毁了，一个身材瘦小的生物遇难了。这与20世纪关于飞碟坠毁的报道没有任何区别，当时的人们已经不想再提起这件事情。76年之后，这件事已经被人们彻底遗忘了。然而，1973年，事情出现了转折。20世纪和21世纪之交时，过往的报道引起了空军专家比尔·凯斯的注意。比尔·凯斯对不明飞行物事故的细节进行了调查研究，各种细节显示，在得克萨斯州东部发生的这起事故与五十年前的罗斯维尔飞碟坠毁事件十分相似。

1897年不明飞行物坠毁之后人们就发现了真正的金属残骸，而人们从1973年起才开始真正研究飞船。经过仔细鉴定，北得克萨斯州大学登顿分校的物理学博士汤姆·格雷表示，这个飞行物上的一块零件令他十分惊讶：这块零件虽然大部分由铁构成，但是它却没有普通铁应该具有的特征——这块零件没有磁性，没有达到铁的硬度，却像铁一样脆，比铁更有韧性，具有更高的亮度。格雷教授总结说："我不想用这些解释来证明这块零件来自外星。这块铁竟然没有磁性，这引起了我作为科学家的好奇心。如果要证明这是一个可疑的物体，那么必须进行更深入的研究。"

1973年，两位事件的经历者进一步推进了对这起偶然事件的研究。其中一位是当时已经91岁高龄的玛丽·埃文斯。埃文斯曾说："事件发生的那年我才15岁，我已经完全忘记了，直到最近在报纸上看到相关的报道才想起来。那时我和我的家人生活在奥罗拉，坠毁事件发生时我的父母没有带我去事故现场。他们回来后告诉我好像是一艘宇宙飞船爆炸了，飞行员死了……当时，不明飞行物坠毁事件引起了巨大轰动。许多人都很害怕，他们不知道不明飞行物还会不会再来。这个不明飞行物在人类发明飞机之前就造好了。"第二位目击者回忆说事件发生的那年他才7岁，冒烟的飞行物朝着奥罗拉方向飞来时他和父亲正在草地上放牧。

那位死去的飞行员的坟墓一直都在奥罗拉镇墓地。直到1973年，人们还能从这个飞行员不寻常的墓碑轻松看出那是一个神秘的外星人墓地。

1973 年春天，前面提过的空军专家比尔·凯斯、金属探测器专家弗雷德·凯利以及 UFO 互联网负责人沃尔特·安德鲁斯在这个外星人的墓地前碰面。弗雷德·凯利用金属探测器在墓地周围不断搜索，发现一个金属物体在墓地下一米深的地方。第二天，他们三人正式提交了挖掘尸体的申请。他们想要深入地研究尸体的残骸和金属碎片，这三位研究者感到他们前所未有地接近了奥罗拉事件谜团的真相。

从墓地回来的第二天早上，三位研究者得到了一个坏消息：昨晚墓地被盗了。盗墓者向地下挖了 70 厘米，在尽可能不破坏这位外来访客的安息地的情况下偷走了墓地里的金属碎片。以上就是迄今为止的调查的结尾。奥罗拉的居民反对挖开这位外来客人的墓地，因为他们担心会有更多的盗墓者。如果在那个地方埋葬的不是一个火星人，那么他究竟是什么人呢？如果人们把整片墓地都搜寻一遍，又会发生什么呢？这位外来访客的坟墓已经被严禁发掘。110 年前被埋在那里的人可能今天还葬在那里，很可能一位特工早早就看守在那里了。

1898 年
《徒劳无功》：泰坦尼克号的预言？

人们是否能预知几十年后将会发生的事情呢？《边缘科学大辞典》这样解释"预知"这个术语："预知即对非现在发生，而是将来发生的一些事情或者状况的超自然感知，还包括对不会发生的事件的提前感知。"

接下来要讲述的这场灾难能否被阻止呢？特别是这起灾难十四年后才发生。这似乎是一个多余的问题。

1898 年，一位不是很出名的作家摩根·罗伯森发表了小说《徒劳无功》，讲述了一艘世界上最大、最豪华、最安全的客轮首航即遭遇了无法预料的灾难的故事。这艘豪华游轮从英国港口城市南安普敦出发，横跨大西洋，目的地是美国纽约，而它在大西洋北部撞上了冰山。书中描述的故事发生在4月的一个夜晚。

小说还描述了当时甲板上混乱的场景，当游轮开始逐渐下沉的时候，那些贪生怕死的人和那些伟大的英雄形成了鲜明的对比。由于

摩根·罗伯森（1861—1915）。

24艘救生艇受到7.5万吨重的游轮的挤压，救生艇的空余空间都不足一半，所以只有少数乘客活下来。为了活下来，有的乘客甚至为救生艇的一个位置打斗。

以上就是这本书所描述的故事。这艘豪华游轮似乎应该取名为"泰坦尼克号"，这本书的副标题似乎应该取名为"泰坦尼克号的残骸"。这本1898年出版的小说在当时没有引起任何人的关注。1912年，这一状况被突如其来的一件事改变了——泰坦尼克号沉没了。这场现实中的灾难，其细节与小说描述的内容极为相似，这让我们现在回想起来都毛骨悚然。泰坦尼克号，这艘使用了英国顶尖造船技术的豪华游轮于1912年4月14日深夜在北大西洋与冰山相撞。人们只能靠甲板上仅有的22艘救生艇逃生，至少有1522人死去。

罗伯森的《徒劳无功》以一种不可思议的方式预知了未来发生的事。泰坦尼克号在处女航中凭借惊人的建造技术驶向了危险的大海，号称永

不沉没却受到了最严厉的惩罚，造成了大量人员伤亡。这一切，都在14年前发表的小说中被写到了。

罗伯森所描述的并不是唯一一个预知了未来事件的故事。值得一提的是，罗伯森所写的故事预见了泰坦尼克号沉没前后的一系列事件：许多已经预定了泰坦尼克号船票的游客取消了他们的票，因为他们在乘坐豪华游轮出发之前的许多个夜晚常常被噩梦惊醒：梦中的他们在冰冷的大西洋上无助地等待。

泰坦尼克号悲剧发生的二十年前，在罗伯森的小说发表之前，伦敦著名记者威廉·托马斯·斯特德也预知了这场灾难。他在1892年出版的系列短篇小说中对泰坦尼克号的沉没也有详细的预告。但是，命运很会捉弄人：1912年4月这起不幸的沉船事件的遇难者名单也包括威廉·托马斯·斯特德。他一定忘记了自己1892年发表的短篇小说。斯特德自己也成为了1522名在冰冷的北大西洋中的遇难者之一。

直到今天，这场灾难仍然像1998年上映的电影《泰坦尼克号》一样深深地影响着我们。

1899年
一位演员回家了

1899年，一位在国际上享有盛誉的演员逝世了。这位演员被葬在了远离他的家乡数千公里的异乡。然而，一件神奇的事情发生了：这位演员的棺材竟然回到了他的家乡。这件事似乎完全可以被视为"偶然事件"。

查尔斯·弗兰西斯·科格伦，1841年出生在加拿大东部新斯科细亚省北面的爱德华王子岛。科格伦年轻时就展现出表演方面的天赋，1860年在伦敦首次登台演出，并在接下来的几年中达到了艺术生涯的顶峰。在那个时代，他被人们视为莎士比亚戏剧的最佳表演者。科格伦在美国组建了自己的戏剧团队，他在美国巡回演出的门票通常都会售罄。

尽管科格伦一生到处巡演，但是爱德华王子岛才是他真正的故乡。科格伦的经纪人约翰逊·福布斯·罗伯森在他名为《历经三个政府的演员》的书中写道："科格伦逝世前几年又回到了爱德华王子岛生活，之后他又获得了在伦敦出演莎士比亚戏剧主角的机会。那些在世界舞台上出名的人都渴望居无定所的生活。1899年，科格伦又一次开始了巡回演出。然而，在得克萨斯州的加尔维斯顿演出完毕后，科格伦生了一场小病。1899年11月27日，他突然离世。"科格伦的棺木被葬在了加尔维斯顿的一个墓地里，他的墓碑是由花岗岩做成的。

查尔斯·弗兰西斯·科格伦（1841—1899）。

科格伦逝世几年之后，一场强大的飓风侵袭了加尔维斯顿。加尔维斯顿当地六分之一的人口，大约6 000人在那场自然灾害中死亡。那场暴雨毁坏了4 000栋楼房，造成的损失共计3 000万美元，这在当时是一个天文数字。洪水淹没了加尔维斯顿的墓地，墓穴被巨大的洪水冲开，墓穴中埋葬的东西全部被冲走了。无论是刚刚去世的死者的墓，还是早早去世的死者的墓，都在洪水的冲击下呈现出一片混乱的景象。大量被埋葬的棺材被飓风吹到了墨西哥湾。

当飓风的破坏力逐渐减弱时，查尔斯·弗兰西斯·科格伦的棺材随着洪水从加尔维斯顿的东南方向一直慢慢漂走。他的棺材漂过了西印度

1900年加尔维斯顿飓风后的景象。

群岛，又随着墨西哥湾暖流漂过了佛罗里达州，然后向大西洋北面慢慢漂去。由于水流速度特别快，科格伦的棺材每天能被水流冲出200公里，有时甚至更远。

很可能科格伦的棺材漂到纽芬兰附近时又经历了一场新的飓风的侵袭。飓风过后，科格伦的棺材似乎有目的地被吹到了加拿大的东岸。棺材好像一个皮球，遭受着反复无常的狂风和巨浪的侵袭。

1908年10月，为了把渔网放置在圣罗伦斯湾，爱德华王子岛的渔夫们准备出海。一个漂在水中并慢慢向岸边靠近的大箱子引起了渔夫们的注意。这个大箱子和在水中长时间浸泡的贝类一样，外壳已经打开了。渔夫们很高兴，认为捡到了一个宝箱，于是立刻动手去掉这个箱子表面的污泥。当箱子被打开时，他们发现里面是一具中年男人的尸体。这个箱子盖上的一枚银徽章上写着：查尔斯·弗兰西斯·科格伦。爱德华王子岛上每个人都认识他。

伟大的艺术家科格伦出生和长大的地方距离这里只有几公里远，那里也是这位艺术家在结束旅行和巡演之后常常回来居住的地方。

爱德华王子岛的居民把这位著名的同乡的"回乡"视为一种天意。居民们用相应的仪式把科格伦葬在了他曾经受过洗礼仪式的教堂里。然而，这真的只是一次"偶然事件"吗？查尔斯·弗兰西斯·科格伦的棺材真的能穿过大海回到他的家乡吗？或许，我们只能把这件事情看作一种神奇的力量作用的结果，即便这种力量在宇宙中根本不存在。

查尔斯·弗兰西斯·科格伦漂回故乡的棺材。

1900 年
来历不明的小孩

小村庄圣芒代位于紧邻比利牛斯山的图卢兹的南面。这个小村庄的墓地里有一块被常春藤和其他各种植物完全缠住的墓碑。这个地方隐藏着一个可疑的秘密。这块墓碑上写着："这里埋葬着一位不知来自何方的年轻人。"

1900 年 9 月，法国东南部海岸的利翁湾上空雷雨交加，海湾附近的一个小村庄也被狂风暴雨侵袭着。圣芒代的小村庄里，一个住在平房的农夫在午夜时分被卧室窗户上不断的敲打声惊醒了。刚开始，农夫认为是房子旁边一棵树的树枝发出的声音。但是，声音一直持续着。为了弄清持续已久的敲打声从何而来，农夫起来了。当农夫把门打开时，在灯笼的光亮下他看见一个身披麻布的大约10岁的小男孩。这位不速之客留着金黄色的长发，脸色惨白。除了披在身上的麻布外，这个小男孩没有穿任何衣服。当农夫把灯笼伸出门外时，他发现这个小男孩的两只手都只有三根手指。农夫和小男孩无声地注视了对方一会儿。

　　农夫的妻子从卧室的窗户往外看了一会儿，然后向小男孩做了一个手势，让小男孩进屋去。农夫的妻子在厨房生了火，让这个冻得发抖的小男孩可以在床垫上过夜。第二天早上，农夫的妻子给了这个小男孩一些她大儿子的衣服，但是这位陌生的客人并没有穿。小男孩拿起一件给他的夹克，轻轻抚摸夹克衫的袖子。对于小男孩而言，夹克衫上的纽扣似乎是他从没见过的东西。农夫开始以为这个小男孩是一个聋哑的流浪儿或者是从精神病院逃出来的弱智儿，但是很快小男孩就证明农夫猜错了。他会说话，然而他说的是没有人能听懂的语言。即使是一些简单的事情对于这个小男孩来说都很困难：眼前一杯热牛奶就让他不知所措，甚至农夫和他的妻子还要教他如何喝牛奶。小男孩被农夫家的一只猫吓得害怕地往后退，好像他很害怕这个"怪物"。

　　最后，农夫联系了一位他们的稀客——村里的神父勒内·毛维乐，他是里昂大学的神学教授。为了更好地观察这个小男孩，神父先把他带到自己家里。刚开始神父也认为这个小男孩精神有问题，后来又认为他是个西班牙人。然而，当神父更深入地了解了小男孩后，他明白了：这件事相当复杂。

　　这个小男孩的体格很不寻常：他的臀部非常狭窄，他的胸腔看起来像一个倒立的"V"，他倒过来看就像一个正常的成年人。他的细嫩的双手每只只有三个手指，这让神父担心害怕，但他又不敢说出来。随着时间的流逝，毛维乐神父吃惊地发现这个小男孩有着不寻常的高智商。小男孩没有用任何语言和神父进行交流，而是用一些日常东西的图案来和神父交流。毛维乐神父列出了一些用点隔开的数字，很快小男孩拿着手里的铅笔和纸,迅速而正确地写出了这些数字。神父惊奇地发现:这个小男孩算出了他写下的第二个和第三个数字的平方根,并且给出了第七个空格的结果。尽管他们不能用语言顺利交流,却能用数学成功地沟通。

接下来的几个星期里,在拜访神父的过程中小男孩学会了一些简单的词汇。渐渐地农夫夫妇也把小男孩当成了自己的孩子。在郊游时,小男孩常常被大自然的一些极其简单的事物所吸引,好像他从来没见过这一类平常的事物。他会长时间地看着河里流动的水、天空上的云和空中飞行的鸟群。

1900年圣诞夜后,小男孩第一次生病了。他得了重感冒,病情刚有好转就又变得更加严重。小男孩很不幸发了高烧,一天比一天虚弱。上门来治病的医生也没有任何办法。医生检查了他的心脏,发现他的心跳很慢,心跳速度只有正常人的一半。医生也不敢乱下结论,只好让农夫夫妇把他送到医院去。接下来的日子里,他变得越来越虚弱。

1901年3月的第二个星期,这个没有名字、来历不明的小男孩去世了。他是从另一个世界或者另一个次元来到我们身边的吗?人们把他埋在了圣芒代的一个白蜡树下的墓地里。这个小男孩是谁,他从哪里来,直到今天都是一个谜。在这个小村庄的墓地里,小男孩的墓碑被时间慢慢侵蚀着。

致谢词

出版了20多本书之后,对我这个可以自称"老手"的人来说,这几乎已经成了一个小仪式:向所有人致谢。一直以来这都是我的一个重要的请求,因为没有他们的支持和建议,这本书就不会完成。感谢艾利希·冯·丹尼肯:没有你的启发,可能就不会有作家哈特维希·豪斯多夫的存在!也要感谢拉纳埃·霍尔白、约翰内斯·冯·布特拉、莱因哈德·哈贝克、维克托·法卡斯、瓦尔特·约克·朗本、布莱德·斯忒格,以及《命运杂志》的特里·奥尼尔和德国最早的UFO杂志的维尔纳·福斯特。

三个热情地陪伴我走过创作和研究之路的朋友和作家的离世使我非常悲伤,他们是约翰内斯·费伯格、彼得·克拉萨和恩斯特·梅克伦堡,我同样要感谢他们给予我的诸多建议。

感谢科纳尔出版社审稿部的斯蒂芬妮·赫斯,以及该出版社所有参与了本书印刷发行业务的人。从有灵感到完成这本书的过程总是紧张的。

我忘记感谢谁了吗?哦,是的。他们非常重要。自从那本传奇的《白色金字塔》出版以来,全世界越来越多的读者成为了我的忠实读者,没有他们作者会怎么样呢?最后,在这里也要衷心感谢这个让全世界为之紧张和兴奋的题材!

哈特维希·豪斯多夫